Friedrich Dietz

ZWEI MINUTEN VOR DEM TAG

Geschichten und Gebete

Verlag Parzeller / Butzon & Bercker

Mitarbeiter an diesem Buch:

Hermann Diel
Holger Balzter
Sabine Lotter
Bernhard Diel
Holger Jestädt

Edition
Erlebnis Glaube

ISBN 3 7900 0199 6 (Parzeller)
ISBN 3 7666 9713 7 (Butzon & Bercker)

in Gemeinschaft mit
Verlag Butzon & Bercker, Kevelaer
Vierte Auflage, 1992
Umschlagfoto: Erich Plappert
Gesamtherstellung: Druckerei Parzeller, Fulda
Printed in Germany ·

ZWEI MINUTEN FRÜHER

soll der Tag beginnen mit diesem kleinen Band kurzer Geschichten. Wir haben sie gesammelt: aus der Zeitung und aus der Literatur, haben sie zufällig gefunden und selbst erlebt – und aus einer großen Zahl ausgewählt. Nun legen wir sie in 2. Auflage vor: neu bearbeitet und in neuem Gewand. Für einige Geschichten aus der früheren Ausgabe, die uns inzwischen allzu bekannt vorkamen, haben wir neue ausgesucht.

Papst Johannes Paul I. schrieb einmal: „Jugendliche können sich höchstens zwei Minuten auf eine Lehre konzentrieren – außer es handelt sich um eine interessante Geschichte!" Das trifft wohl zu, und nicht bloß für Jugendliche. Solche Geschichten hoffen wir gefunden zu haben: Geschichten, die den Leser wie den Hörer und ebenso den Vortragenden über die „zwei Minuten vor dem Tag" hinaus beschäftigen können.

Schüler, Lehrer und Prediger haben inzwischen unseren Band benutzt; junge und alte Leute haben sich an ihm gefreut. Daß wir so viel Zustimmung gefunden haben, ist für mich und meine jugendlichen Mitarbeiter Freude und Lohn zugleich.

Friedrich Dietz

Zwei Brüder

Zwei Brüder wohnten zusammen und hielten treu zueinander. Der jüngere hatte eine Familie, der ältere war unverheiratet. Zur Erntezeit brachten sie das Getreide ein und teilten die Garben in zwei gleichgroße Stöße.
In der Nacht dachte der Ältere: Mein Bruder hat eine Familie, ich dagegen bin allein. So stand er auf und legte einen Teil seiner Garben zu denen seines Bruders. Auch der Jüngere wachte auf und dachte: Mein Bruder ist allein – wer wird später für ihn sorgen? Er stand auf und trug von seinen Garben zum Stoß seines Bruders.
Am Morgen sahen beide erstaunt, daß ihre Garben so viele waren wie am Abend zuvor. In der folgenden Nacht, als jeder vom anderen meinte, daß er schliefe, nahm der eine wie der andere von seinen Garben, um sie dem Bruder zu bringen. Auf halbem Weg trafen sie plötzlich einander. Da wußte jeder, wie gut es der andere mit ihm meinte.

Wir bitten dich, Herr,
schick uns das an jedem Tag:
Menschen, die es gut mit uns meinen.
Und laß uns Menschen werden,
die mit den andern brüderlich umgehen.
So treffen sich unsere Blicke
und die guten Worte
und die helfenden Hände.

Weltraumfahrer gesucht

Weltraumfahrer gesucht! Zwölf kosmische Monate Erdabwesenheit. Bei Rückkehr sind 240 Erdenjahre verstrichen. – Auf diese Anzeige eines Professors in einer New Yorker Zeitung sollen sich 164 Personen gemeldet haben. Jetzt wurde der Professor deutlicher:
Wenn Sie zur Erde zurückkommen, sind Sie nur ein Jahr älter, aber Sie haben fünf Generationen überlebt. Sie finden keinen von denen mehr vor, mit denen Sie heute leben. Da blieb nur eine Handvoll Menschen für das Abenteuer übrig.

Niemand mehr vorfinden –
das ist ja schlimmer
als im Sterben Abschied nehmen . . .
Wissen wir eigentlich, wieviel uns
die Menschen wert sind,
mit denen wir diesen Tag
mit seinen Mühen und Freuden teilen?

Erinnere uns daran, Herr,
damit wir nun auch
mit den Mitmenschen so umgehen
und es ihnen bei Gelegenheit
auch einmal sagen,
wieviel sie uns wert sind.

Nur Geduld ...

Ein Siebzehnjähriger beklagte sich bei Mark Twain über seinen Vater: „Wir verstehen uns nicht mehr; jeden Tag ist Streit. Er ist so rückständig, hat keinen Sinn für moderne Ideen. Was soll ich machen? Ich gehe fort, ich reiße aus!“
Mark Twain antwortete ihm: „Ich kann dich gut verstehen. Als ich 17 war, war mein Vater genauso rückständig; ich hab's kaum noch ausgehalten. Aber hab' Geduld mit alten Leuten; sie entwickeln sich langsamer. Als ich 27 war, hatte er schon so viel dazugelernt, daß man sich ganz vernünftig mit ihm unterhalten konnte. Und heute – nach wieder zehn Jahren – du wirst es kaum glauben: wenn ich keinen Rat weiß, frage ich meinen alten Vater. So können alte Leute sich ändern!“

Sie vertragen sich nicht mehr.
Ist der Vater schuld?
Oder der Junge? Oder beide?
Was fiele mir ein, wenn ich
die Antwort Mark Twains erhielte?

„Der Mensch ändert sich –
nicht nur der ältere ...“
Und der eine mit dem andern
braucht Geduld.
Und warum Geduld?
Weil doch du, Gott,
immer wieder Geduld hast,
Geduld mit Schwächen und Versagen –
mit ihm, mit mir, mit allen –
immer, auch heute ...!

Blut und Leben

Ein achtjähriger Junge war gerade von einer schweren Krankheit genesen – da erkrankte seine Schwester. Der Arzt erkannte: Nur Blut, das die Abwehrstoffe gebildet hatte, konnte das Mädchen retten. Deshalb fragte er den Bruder: Würdest du für deine Schwester dein Blut hergeben?
Der Junge zögerte, Angst und Erschrecken stand ihm in den Augen. Aber dann sagte er tapfer: Ja, Herr Doktor!
Als die Blutübertragung stattgefunden hatte, fragte er leise und stockend den Arzt: Wann muß ich jetzt sterben?

Ja, Herr Doktor!
Der Junge hatte nicht an eine
bestimmte Menge Blut gedacht;
er dachte an sein Leben,
und er war entschlossen,
es für seine Schwester zu opfern.

Ich will keine großen Worte machen, Herr –
aber zu einem kleinen Opfer:
etwas herzugeben,
etwas nicht zu verlangen,
etwas nicht zu sagen –
für irgendeinen:
Bruder oder Schwester,
dazu laß mich
heute bereit sein.

Hölle und Himmel auf Erden

Ein Rabbi bat Gott darum, den Himmel und die Hölle sehen zu dürfen. Gott gab ihm den Propheten Elija als Führer. Elija führte den Rabbi zuerst in einen großen Raum, in dessen Mitte auf einem Feuer ein Topf mit einem köstlichen Gericht stand. Rundum saßen Leute mit langen Löffeln und schöpften alle aus dem Topf. Doch die Stiele ihrer Löffel waren so lang, daß sie das Essen nicht in den Mund bringen konnten. Da fragte der Rabbi den Propheten, welch ein seltsamer Ort das sei. Es war die Hölle.

Darauf führte Elija den Rabbi in einen zweiten Raum. Auch hier brannte in der Mitte ein Feuer und kochte ein köstliches Essen. Leute saßen herum mit langen Löffeln in der Hand. Aber sie versuchten nicht, sich selbst zu füttern, sondern benutzten die langen Löffel, um sich gegenseitig zu essen zu geben. Sie waren im Himmel.

Wenn jeder nur sich selbst kennt –
das ist die Hölle auf Erden.

Aber unsere Erde wird
zu einem Stück Himmel,
wo einer für den andern
da sein will.

Herr, laß uns das heute gelingen.

Maus und Katze

Eine Maus, eine ganz gewöhnliche Hausmaus, kam an einem schönen Morgen – wie schon so oft – in ihren Keller, und dort fand sie eine Pfütze vor. Es war eine Pfütze aus bestem Wein; das Faß war nicht gut verschlossen.
Sie leckte davon, und der Wein schmeckte ihr. Er war stark und feurig; und als die Pfütze aufgeleckt war, richtete die Maus sich auf, warf sich in die Brust, machte ein verwegenes Gesicht und rief: Wo ist die Katze?

Ein dummes Tier!
Aber Menschen, ganz gewöhnliche,
erforschen die Welt,
beuten sie aus und bauen sie um,
berauschen sich an ihr
und ruinieren am Ende
die Welt und sich selbst.

Und dann gebärden sie sich wie die Maus,
als wären sie allein,
die Herren dieser Erde.

Laß mich doch heute, Gott,
bescheidener, sparsamer und dankbarer
mit allem umgehen,
was mir gehört –
bevor das Faß im Keller
ganz ausgelaufen ist.

Dein Wort, Herr

1960 in Moskau: Premiere eines Schauspiels „Christus im Frack“; es soll Gott und Religion in den Augen der Zuschauer verspotten.
Der Schauspieler Alessandrow liest unter dem Gejohle der Zuschauer die Seligpreisungen der Bergpredigt. Plötzlich verläßt der Schauspieler die Regieanweisung, statt „das Buch in die Ecke zu werfen“, liest er immer weiter. Die Menge verstummt, beginnt zuzuhören. Schließlich sagt Alessandrow in das Schweigen hinein: „Gott sei mir gnädig.“
Die Vorstellung wird abgebrochen; eine weitere Aufführung fand nicht statt. Alessandrow trat nie wieder auf.

Ein Mensch wird getroffen
von deinem Wort, Herr.

Laß auch mich doch einmal
getroffen werden
und dann so mutig sein
wie jener Mann.

Ich weiß, dein Wort
ist immer auf dem Weg zu mir –
auch heute.

Vergebung

In einem Fischerdorf auf einer italienischen Insel ist es Gesetz: Eine Frau, die des Ehebruchs überführt ist, wird von einem Felsen in den Tod gestürzt.
Wieder einmal ist eine Frau dieses Vergehens schuldig. Man gewährt ihr eine Frist, weil ihr Mann auf dem Meer ist. Aber die Frist verstreicht, der Mann ist nicht zurückgekehrt, und das Urteil wird vollstreckt.
Doch am andern Tag wird die Frau wieder im Dorf gesehen. Der Mann, der von der Sünde seiner Frau erfahren hatte, erzählt den Dorfbewohnern, er habe unter dem Felsen ein Netz gespannt und seine Frau darin aufgefangen. So darf sie nun weiterleben.
(nach Werner Bergengruen)

Einem Menschen wird vergeben ...
Ein Mensch vergibt dem andern,
der ihn bitter gekränkt hat.

So begegnest du auch uns Menschen, Gott.
Du spannst dein Netz
und fängst uns auf.
So ist der neue Anfang möglich –
auch heute –
für uns und für den andern.

Mensch und Welt im Bild

Ein Vater wollte nach Feierabend ruhig seine Zeitung lesen; aber sein jüngster Sohn ließ ihm keine Ruhe.
Da nahm der Vater eine Zeitungsseite, auf der eine Weltkarte abgebildet war, riß sie in mehrere Fetzen und reichte sie lachend dem Jüngsten – er solle sie wieder zusammensetzen. Schon nach wenigen Minuten hatte dieser die Aufgabe gelöst. Er hatte nämlich herausgefunden, daß auf der Rückseite des Zeitungsblattes ein Mensch abgebildet war. Dieses Foto setzte er – anstelle von Landesgrenzen, Flüssen und vielen Linien – schneller zusammen.

Wenn das gelänge:
das Bild vom Menschen
wieder so zusammenzufügen,
wie du, der Schöpfer, es wollte:
alle Menschen dein Werk
und deshalb alle Brüder und Schwestern
und alle auf dem Weg zu einem großen Ziel –
dann käme auch die Welt
wieder in Ordnung.

Den kleinen Anfang
muß wohl jeder
bei sich selber machen.

Nichts ist nichts

„Sag mir, was wiegt eine Schneeflocke?“ fragte die Tannenmeise die Wildtaube.
„Nicht mehr als nichts“, gab diese zur Antwort.
„Dann muß ich dir erzählen“, sagte die Meise, „was ich Sonderbares erlebt habe. Ich saß auf dem Ast einer Fichte, dicht am Stamm, als es zu schneien anfing; nicht etwa heftig im Sturmgebraus, nein, wie im Traum, lautlos und ohne Schwere. Da nichts Besseres zu tun war, zählte ich die Schneeflocken, die auf die Zweige und auf die Nadeln des Astes fielen und darauf liegenblieben. Genau dreimillionensiebenhunderteinundvierzigtausendneunhundertzweiundfünfzig waren es. Als die dreimillionensiebenhunderteinundvierzigtausendneunhundertdreiundfünfzigste Flocke niederfiel – nicht mehr als nichts – brach der Ast ab.“

Auf mich kommt es doch nicht an!
Ob ich da mitmache oder nicht –
bin ich mehr als ein Nichts
bei so vielen Stimmen
dafür oder dagegen?

Du, Herr, du sagst mir:
Auf dich kommt es an,
ganz allein auf dich –
denn ganz allein von dir
erwarte ich die Antwort,
wenn ich frage: Warum –
Warum „ja“ und nicht „nein“,
warum „nein“ und nicht „ja“?

Dasselbe gesagt und doch nicht

Sultan Achmed erwachte aus einem bösen Traum: Er hatte alle seine Zähne verloren. Sofort befragte er seinen Ersten Traumdeuter, was das bedeute. „O Unglück“, sagte dieser, „jeder Zahn bedeutet den Tod eines deiner Angehörigen.“
„Hundert Stockschläge“, brüllte zornig der Sultan und befragte den Zweiten Traumdeuter. „Heil ist dir beschieden“, rief dieser, „du wirst alle deine Angehörigen überleben.“
„Ich danke dir“, lächelte der Sultan gnädig. „Hol dir beim Schatzmeister 100 Goldstücke.“

War das nur Schlauheit, Gerissenheit,
eine List?
Und Dummheit vom Ersten Traumdeuter?

Kommt es nicht immer darauf an,
wie man etwas sagt,
wie man eine Sache,
ja wie man die Welt
und sein Leben ansieht?

Hilf uns, Herr, allem Pessimismus abzusagen
und diesen Tag tapfer und geduldig,
gelassen und mit Freude zu beginnen.

Das Kreuz absägen

Eine Legende berichtet: Die Menschen waren mit ihren Kreuzen unterwegs und mühten sich ab mit ihrer Last. Da wurde einem von ihnen sein Kreuz zu schwer. Kurzerhand sägte er ein gutes Stück ab.

Nach langer Pilgerschaft kamen alle an einen gähnenden Abgrund. Keine Brücke führte in das Land, das ewige Freude und Gottes Nähe versprach. Nach kurzem Zögern kamen sie auf den Gedanken: Jeder lege sein Kreuz über den Abgrund. Und siehe da: jedes paßte genau von der einen Seite zur anderen. Der aber sein Kreuz abgesägt hatte, um es leichter zu haben, stand nun betroffen und verzweifelt.

Jeder hat sein Kreuz zu tragen,
für den einen ist es kurz,
für den anderen lang.

Doch wenn ich an einem Kreuz
besonders schwer trage –
heute vielleicht –
ich muß es nicht
allein tragen –
über alle Abgründe hinweg
gehst du mir voraus,
Herr,
du mit deinem Kreuz.

Den Streit nicht wollen

Ein Mann besaß vor den Häusern der Stadt einen Garten, und sein Nachbar hielt daneben eine Schar Hühner. Da der Zaun schadhaft war, verwüsteten die Hühner dem Mann die sorgsam gepflegten Beete. Was tun?
Der Geschädigte nahm zwei oder drei Hühnereier, ging zu seinem Nachbarn und sagte: Deine Hühner legen ihre Eier in meinen Garten, aber ich will nicht haben, was mir nicht gehört. Schon am nächsten Tag war der Zaun repariert.

Was hätte daraus werden können!
Vielleicht eine lebenslange Feindschaft . . .
Wie oft geht das so!

Laß es so weit gar nicht kommen,
sagst du mir, Herr.
Bestimmt fällt mir nicht immer
so eine clevere Lösung ein.
Aber laß mich friedlich gesinnt sein,
heute und alle Tage, Herr,
dann finde ich schon
die richtigen Worte
und den richtigen Weg.

Reis zum Teilen

Mutter Teresa erzählt: Vor einiger Zeit kam ein Herr in unser Haus und erzählte mir von einer Familie mit acht Kindern, die am Verhungern waren. Er bat: „Tun Sie etwas für sie." Ich nahm ein wenig Reis und ging sofort zu ihnen. Die Mutter nahm den Reis aus meinen Händen, teilte ihn in zwei Teile und ging hinaus. Als sie zurückkam, fragte ich sie: „Wohin gingen Sie, was haben Sie getan?" Sie gab mir eine ganz einfache, schlichte Antwort: „Sie sind auch hungrig." Ihre Nachbarn nebenan waren auch hungrig, und das wußte sie.

Da hätte ich aber mehr zu teilen
als diese armen Leute.

Das macht mich nachdenklich:
Sie teilen das Wenige,
weil sie wissen,
wie Hunger schmeckt,
wie Not aussieht,
wie schön es ist,
wenn man etwas zu essen hat.
Und das alles weiß ich nicht.

Trotzdem, Herr,
lehre mich das Teilen:
Zeit, Freude, mein Wissen
und auch meinen Überfluß.

Heute nacht in Bagdad

Eines Tages, als der Sultan auf dem Ruhebett seines Palastes in Damaskus lag, stürzte sein Lieblingsdiener in das Gemach. Er schrie in Aufregung, daß er sofort nach Bagdad fliehen müsse, und bat darum, sich das schnellste Roß Seiner Majestät nehmen zu dürfen. „Warum mußt du so schnell nach Bagdad?“, fragte der Sultan. „Weil ich jetzt eben im Garten des Palastes den Tod stehen gesehen habe. Und wie er mich bemerkte, streckte er seine Arme drohend nach mir aus: Ich muß ihm eiligst entkommen!“
Der Sultan gab ihm das Pferd, und der Jüngling sprengte davon. Dann aber ging der Sultan zornig in den Garten und fand den Tod immer noch dort stehen. „Wie wagst du es, meinem Lieblingsdiener zu drohen?“ schrie der Sultan; doch der Tod antwortete verblüfft: „Ich versichere, daß ich ihm nicht gedroht habe. Ich warf bloß meine Arme erstaunt in die Luft, ihn hier zu sehen, denn ich habe heute nacht mit ihm ein Stelldichein in Bagdad.“

Dem Tod kann keiner davonlaufen.
Aber wir laufen nicht bloß dem Tod in die Arme.
Denn wenn ein Morgen mein letzter Morgen sein wird –
dann streckst auch du, barmherziger Gott,
die Hand aus und nimmst mich in die Arme.

Laß mich daran glauben,
heute und an allen Tagen.

Spuren im Sand

Ein Mann sah im Traum, wie er am Strand entlang spazierte. Er blieb stehen und schaute zurück – den Weg seines Lebens. Er sah zwei Paar Fußabdrücke im Sand, eines gehörte ihm, das andere dem Herrn.
Dann aber bemerkte er plötzlich, daß oft auf dem Weg nur ein Paar Fußabdrücke im Sand zu sehen war, und dies gerade während der Zeiten, die für ihn die schwersten waren.
Das wunderte ihn und er fragte: „Herr, du hast mir gesagt, du würdest jeden Weg mit mir gehen. Aber während der schwersten Zeiten meines Lebens ist nur ein Paar Fußabdrücke zu sehen. Wenn ich dich am meisten brauchte, hast du mich alleingelassen."
Der Herr antwortete: „Ich habe dich niemals verlassen. Während der Zeiten, wo du auf die Probe gestellt wurdest – dort, wo du nur ein Paar Fußabdrücke siehst –, da habe ich dich getragen."

Nimm meine Hand, Herr,
und führe mich Schritt für Schritt
durch den heutigen Tag.
Und laß mich überzeugt sein:

Wenn ich nicht weiß,
wohin den nächsten Schritt setzen –
da bist du mir besonders nah.

Nur von innen zu öffnen

In einer Kunstausstellung wurde ein Bild gezeigt, auf dem Christus in einem dunklen Garten, eine Laterne in der linken Hand, dargestellt war. Mit der rechten klopft er an eine schwer beschlagene Tür.
Ein Besucher sprach spöttisch den Maler an: „Ihr Bild ist noch nicht fertig; an der Tür ist noch keine Klinke."
Der Maler erwiderte: „Dies ist die Tür zum menschlichen Herzen. Sie kann nur von innen geöffnet werden."

Vieles kann der Mensch
durch Leistung erbringen
oder mit Geld kaufen.
Aber Freundschaft und Zuneigung
werden ihm stets nur geschenkt.
Der andere Mensch
muß die Tür von innen öffnen.

Schenke uns, Herr,
die Zuneigung derer,
die wir lieben,
und laß uns an keinem vorübergehen,
der darauf wartet,
daß wir Augen und Ohren,
Hand und Herz für ihn auftun.

Lieber wenig als gar nichts

Ein Bruder sagte zum Mönchsvater: „Wenn ich meinem Bruder etwas gebe – sogleich kommt mir der Gedanke: Ich gebe es nur, um Menschen zu gefallen.“
Der Alte aber sprach: „Zwei Bauern wohnten in demselben Dorf. Der eine streute nur wenig Saat aus, und sie war überdies ungereinigt. Der andere säte gar nichts. Und dann gab es eine Hungersnot. Wer von beiden wird nun zu leben haben?“

Auch wenn es wenig ist,
was ich heute zustande bringe,
und auch vollkommen wird es nicht sein
– vollkommen bist nur du, Herr –
so laß mich doch mein Bestes tun,
das, was mir möglich ist –
und noch das Bessere
laß mich dem Guten vorziehen.

Das Gebet um Regen

Die Bauern eines einsamen Dorfes hoch in den Bergen des Balkans suchten einen neuen Pfarrer. Alle waren sich einig: Er müßte mit seinen Gebeten, so oft es für ihre kargen Felder nötig würde, selbst in der sonnenheißesten Dürre Regen vom Himmel erzwingen können.
Es war nicht leicht, den rechten Gottesmann zu finden. Doch schließlich erbot sich einer, ihr Pfarrer zu werden. Aber unter einer Bedingung: Er würde um Regen nur beten, wenn sie es alle einmütig für den Tag von ihm verlangten. Und es heißt: Der neue Pfarrer brauchte um Regen nie zu beten.

Alle brauchen sie den Regen,
und jeder will ihn –
nur heute nicht!
Nicht gerade an diesem Tag;
da hat er die Sonne nötig.
Da denkt der eine wie der andere
bloß an sein eigenes Anliegen.
Und so wurde der Pfarrer
nie auf die Probe gestellt.

Wenn wir das fertig brächten:
nur einen Tag lang –
eines Sinnes und mit einer Stimme zu beten –
um Gerechtigkeit
und nicht um den eigenen Vorteil,
um Frieden und Einigkeit
und nicht um den eigenen Sieg,
um Liebe zum Nächsten
und nicht bloß zu sich selbst . . . !
Vielleicht gelingt es doch einmal,
einmütig, Herr, „in deinem Namen“ zu beten.

Der Schneider und der liebe Gott

Ein Rabbi bestellte beim Schneider eine neue Hose. Freitag in einer Woche – versprach dieser – bringe ich sie euch ins Haus. Doch der Schneider kam nicht am Freitag, er kam erst am folgenden Dienstag. Der Rabbi war mit der Hose sehr zufrieden, aber er konnte sich nicht verkneifen zu bemerken: Du hast für die Hose zehn Tage gebraucht. Gott hat nur sechs Tage nötig gehabt, um die ganze Welt zu schaffen. Da entgegnete der Schneider: Aber seht euch die Hose auch an: tadellos. Und betrachtet die Welt – der Allmächtige sei gelobt – aber ist sie nicht auch danach ...?

Da gibt es doch keinen Vergleich,
will der Schneider sagen:
mein Werk und Gottes Werk –
vollkommen die Hose
und wie unvollkommen die Welt.

Aber, allmächtiger Gott,
du hast deine Schöpfung geschaffen
auf Vollkommenheit hin –
sie soll werden,
was sie noch nicht ist.

Ob sie heute ein wenig besser wird,
liegt auch an mir,
liegt auch an uns.
Hilf uns, stets das Bessere
dem Guten vorzuziehen.

Freundschaft braucht Zeichen

Zwei Jungen trafen sich täglich auf ihrem langen Schulweg an einer Kreuzung. Wer als erster kam, wartete auf den anderen, oder er legte einen Kieselstein auf eine Bank, die dort stand. Viele Menschen kamen zu dieser Stunde an der Bank vorbei – aber wer hätte schon dieses Steinchen bemerkt, noch weniger dessen Bedeutung erkannt?
Der Stein war ein Zeichen – aber nur für die sehenden Augen des Freundes.

Unscheinbare Zeichen der Freundschaft dort,
wo die Wege unseres Lebens sich kreuzen –
du gibst sie auch uns, lieber Gott.
Auch heute morgen –
auch auf diesem Weg,
auch mit diesem Menschen.

Ich danke dir, Gott,
für die vielen Zeichen deiner Freundschaft.
Hilf, daß ich sie nicht übersehe.

Ein Weizenkorn aus Gold

Ein Bettler ging von Tür zu Tür; da sah er den Wagen des Königs auf sich zukommen. Jetzt ist die Bettelzeit vorbei, dachte er, und wirklich hielt der goldene Wagen bei ihm an. Lächelnd stieg der König aus, aber statt dem Bettler ein Almosen zu geben, hielt er ihm die Hand hin: Und du, was schenkst du mir? Der Bettler war verblüfft und enttäuscht – ein König, der bettelt! Schließlich gab er ihm ein winziges Weizenkorn aus seinem Bettelsack. Am Abend jedoch fand er unter seinen ärmlichen Körnern ein Weizenkorn aus reinem Gold ... (nach R. Tagore)

Gewiß hat der Bettler
sich bittere Vorwürfe gemacht.
Aber nur wer gibt,
kann empfangen.
Und wer reichlich sät,
kann reichlich ernten.

Laß mich heute
an den Bettler denken, Herr,
wenn ein anderer Mensch
mit meiner Hilfe rechnet.

Die drei Siebe

Zu Sokrates kam einer gelaufen und sagte: „Höre, Sokrates, das muß ich dir erzählen!“ „Halt ein!“, unterbrach ihn der Weise, „hast du das, was du mir sagen willst, durch die drei Siebe gesiebt?“
„Drei Siebe?“, fragte der andere verwundert. „Nun, das erste Sieb ist die Wahrheit. Hast du alles, was du mir erzählen willst, geprüft, ob es wahr ist?“
„Nein, ich hörte es erzählen und ...“
„Aber sicher hast du es im zweiten Sieb geprüft. Es ist das Sieb der Güte. Ist das, was du mir erzählen willst, gut?“
Zögernd sagte der andere: „Nein, im Gegenteil ...“
„So laß uns auch das dritte Sieb noch anwenden. Ist es notwendig, daß du mir das erzählst?“
„Notwendig nun gerade nicht ...“
„Also“, sagte Sokrates lächelnd, „wenn es weder wahr noch gut, noch notwendig ist, so belaste dich und mich nicht damit.“

Herr, was wir heute reden und tun,
gib, daß es vor dir Bestand hat.

Laß uns alle Kraft darauf verwenden,
uns selbst zum Guten zu verändern.

Dann bleibt uns keine Zeit,
über andere zu reden.

Das Danken üben

In einem Feldlazarett in Rußland versuchte ein Arzt das völlig zerfetzte Gesicht eines jungen Soldaten wiederherzustellen. Als er ihm den zweiten Mundwinkel wieder zusammengenäht hatte, sagte er dem nur örtlich betäubten Soldaten: So, nun sprechen Sie mal! Der junge Mann bewegte vorsichtig seine Lippen und brachte mit einem zaghaften Lächeln die Worte hervor: Danke schön!
(nach Peter Bamm)

Ich glaube,
der Soldat hatte in seinem Leben
das Danken oft geübt.

Und ich?
Wohin ich schaue, Gott,
alles spricht von dir,
von deiner Freigiebigkeit.

Darum sage ich dir heute:
Danke schön.
Ich sage es dir heute morgen,
und ich will es dir auch
an diesem Abend sagen.

Werde, was du bist

Kaiser Alexander dem Großen, der im 4. Jh. v. Chr. ein gewaltiges Reich errichtete, wurde eines Tages ein Soldat vorgeführt, der seine Pflichten vernachlässigte.
„Wie heißt du?“ fragte der Kaiser.
„Alexander“, war die Antwort.
„Dann trägst du meinen Namen“, grollte der Kaiser, „Mann, werde, was du bist – oder lege deinen Namen ab!“

Mit vielen Menschen
nennen wir uns Christen.
Aber wenn Jesus Christus
käme und uns fragte –?

Werde, was du bist,
sagst du uns heute, Herr –

getauft, gefirmt, erlöst –
von Gott geliebt –
das sind wir –
und wir danken dir dafür.
Laß uns an diesem Tag
dieser Wirklichkeit
einen kleinen Schritt
näherkommen.

Liebe schafft ein neues Sehen

Auf den gepflegten Rasen vor seinem Haus war der Mann besonders stolz. Nur das Moos – das Moos zwischen dem Graswuchs – das Moos wurde er nicht los. Er wandte jedes ihm bekannte Mittel an – umsonst. Schließlich schrieb er an das Landwirtschaftsamt, zählte alles auf, was er versucht hatte, und bat um Auskunft: „Was kann man noch tun?“
Ein paar Tage später erhielt er die Antwort: „Fangen Sie an, das Moos zu lieben ...“

Ich denke: Manchmal ist es
mit einem Menschen ganz ähnlich,
auch in meinem Leben:
Der hat mich geärgert oder beleidigt oder verspottet.
Und nun mag ich ihn nicht –
will ihn loswerden,
und er soll es merken.
Und was sagst du dazu, Jesus?
„Fang an, ihn zu lieben!“

Liebe schafft ein neues Sehen –
da ist auf einmal der andere
nicht mehr verhaßt,
nicht mehr lästig,
ja nicht mehr gleichgültig –
er wird zum lieben Mitmenschen.

Nichtig oder wichtig?

Ein kleiner Junge hatte seine Hand in eine kostbare Vase gesteckt und vermochte sie nicht mehr herauszuziehen. Laut schrie er um Hilfe. Man zog und zerrte an seinem Arm, aber der Junge schrie nur noch lauter.
Schließlich mußte man das kostbare Stück zerschlagen, um die Hand des Jungen zu befreien. So fand man den Grund, weshalb er die Hand nicht herausziehen konnte: In der Vase lag ein Markstück – das hielt er fest in seiner Faust.

Wie oft geht es mir genauso.
Ich halte etwas für wert;
ich möchte es besitzen,
es in die Faust nehmen
und nie wieder loslassen.

Ich merke es gar nicht,
daß ich viel Größeres darüber verliere –
aus den Augen, aus der Hand,
daß ich dich dabei verliere,
Herr und Gott,
verliere und verrate:
das Unendliche, weil ich Begrenztes festhalte,
das Ewige, um Vergängliches zu gewinnen.

Öffne mir die Augen,
daß ich den richtigen Wert erkenne:
Dinge, Menschen, Gott.
Und öffne meine Hand, daß ich loslassen kann;
und das kostbare Gefäß, Herr,
bewahre vor dem Verlust.

Für ein Brot

Ein englischer Journalist unternahm folgenden Test:
Er stellte sich mit einem Brot in der Hand in verschiedenen Städten an eine belebte Straßenecke und forderte die Vorübergehenden auf, für dieses Brot eine Stunde lang zu arbeiten. Was geschah? In Hamburg wurde er ausgelacht. In New York wurde er festgenommen. In Nigeria wollten etliche Leute drei Stunden, und in New Delhi mehrere hundert Personen einen ganzen Tag lang arbeiten – für ein Brot.

Und wie lange zu arbeiten
wäre ich bereit, für das Brot,
das ich heute verzehren werde?

Herr, laß mich heute
für deine Gaben
dankbar sein
und nicht alles,
was ich empfange,
für selbstverständlich nehmen.

Schön oder nicht

„Sie war nicht schön,
aber sie hätte es werden können,
wenn ihr es einmal jemand gesagt hätte."
(Bert Brecht)

Das ist die Macht des Wortes.
Es wirkt und bewirkt,
formt und gestaltet,
und erweckt zum Leben.
Es macht schön.
Das Mädchen –
das kann auch unsere Gemeinschaft sein:
unsere Familie,
unsere Schulklasse,
unsere Freundschaft.

Hilf, Herr, das rechte Wort zu finden –
und sprich du es
zu jedem von uns.

Noch einmal von vorne

Der Missionar hatte ihm ein Neues Testament geschenkt, und Lin Ku auf Borneo begann, sich mit dem guten Papier Zigaretten zu drehen. Matthäus, Markus und Lukas waren schon in Rauch aufgegangen. Er warf einen flüchtigen Blick auf das nächste Blatt:
Im Anfang war das Wort ..., begreife ich nicht, und er riß das Blatt heraus. Aber als er den Tabak ins 3. Kapitel rollte, hielt er ein: So sehr hat Gott die Welt geliebt ... Ein Gott, der liebt? Lin Ku kannte Götter, die man bei guter Laune halten mußte – und er las weiter: ..., daß er seinen einzigen Sohn hergab –? Da ging Lin Ku zum Missionar, um sich ein neues Buch zu holen – aber dieses Mal zum Lesen.

Das konnte er nicht voraussehen,
daß es ihn beim letzten Evangelisten
noch erwischen würde.
So fängt er also von vorne an.

Was hält dieser Tag für mich bereit,
was ich nicht vorhersehe?
Was immer –
Gott liebt auch mich;
und mit dir, Herr,
kann ich immer
von vorne anfangen.

Was der Mensch sät ...

Seit vielen Jahren arbeitete ein Baumeister für eine große Gesellschaft. Eines Tages erhielt er den Auftrag, nach seinen eigenen Plänen ein Musterhaus zu bauen. In der schönsten Wohngegend sollte es stehen, und an nichts sollte gespart werden. Die Arbeiten gingen rasch voran. Doch da kam der Baumeister auf den Gedanken, weniger gutes Material zu verwenden, weniger erfahrene Handwerker einzusetzen, und das eingesparte Geld wußte er in seine Tasche zu stecken. Beim großen Empfang zur Fertigstellung des Hauses übergab der Baumeister dem Präsidenten der Gesellschaft die Hausschlüssel. Doch dieser gab sie ihm zurück und sagte: Dieses Haus schenken wir Ihnen als Zeichen der Wertschätzung und Dankbarkeit.

Wie mag dem Mann in diesem Augenblick
zumute gewesen sein?
Ärgerte er sich, weil er sich selbst betrogen hatte?
Schämte er sich, weil er solcher Wertschätzung
gar nicht wert war?

Er hat es sich selbst zuzuschreiben:
„Was der Mensch sät, das erntet er."

Wer nur für sich selber sorgen will,
steht am Ende mit leeren Händen da.
Daß uns kein Einsatz zu hoch ist,
wenn es um den Nächsten geht und um dich, Herr,
darum bitten wir dich.

Veränderung, ja – aber

Ich frage Herrn Zett:
„Herr Zett, sind Sie auf Veränderung aus?"
Aber ja, antwortet er,
auf meine.
(nach Kurtmartin Magiera)

Wird deine Welt, Herr, von allein
zur besten aller Welten?
Kommt dein Reich automatisch –
die große Verwandlung der Welt?
Oder habe ich auch etwas damit zu tun?
Und was an Unrecht geschieht –
bin ich daran völlig unschuldig?

Ich liebe Besitz
und laß den anderen sitzen.
Es geht mir um Geltung,
und der andere gilt mir wenig.
Ich suche mein Vergnügen,
und vom andern hab ich genug.

Bin ich auf Veränderung aus?
Aber ja, Herr.
Auf meine.
Hilf mir dabei.

Blind + Lahm

Ein Blinder und ein Lahmer gerieten eines Tages in einen fürchterlichen Waldbrand. Voller Schrecken floh der Blinde – geradewegs aufs Feuer zu. „Nicht dorthin“, rief der Lahme, „du rennst ja ins Feuer!“ – „Aber wohin?“ schrie der Blinde. „Ich kann dir den Weg zeigen“, antwortete jener, „aber ich kann nicht laufen. Wenn du mich auf deine Schultern nimmst, gebe ich dir an, wie du dem Feuer und den Schlangen und den Dornen aus dem Weg gehst.“
Der Blinde – so erzählt jene Geschichte aus Indien – folgte diesem Rat, und so gelangten beide in Sicherheit.

Von einem Waldbrand werde ich an diesem Tag
kaum überrascht werden.
Aber ob ich lahm bleibe,
ob ich blind bleibe,
wenn etwas Überraschendes auf mich zukommt,
ich weiß es nicht.

Jedenfalls bin ich angewiesen
auf den Austausch mit anderen.
Und sind nicht auch andere
angewiesen auf mich?
Und sind wir nicht alle angewiesen
auf deine Hilfe – Gott?

Schenke sie uns,
heute und an allen Tagen.

Für wen?

Ein Rabbi, so erzählt eine altjüdische Geschichte, ging eines Abends spazieren. Da traf er einen Mann, der als Wächter im Dienst seines Herrn Haus und Hof umschritt.
Für wen gehst du, fragte der Rabbi. Der Knecht nannte den Namen seines Herrn und fragte nun auch den Rabbi: Und für wen gehst du?
Diese Frage, so endet die Geschichte, traf den Rabbi mitten ins Herz.

Für wen gehe ich –
an diesem neuen Tag?
Die Frage trifft jetzt mich.

Werde ich für dich gehen, Herr?
Werde ich meinen Weg finden –
für dich – zu dir?

Auf eins nur vertraue ich:
Du gehst immer mit.

Sprung ins Dunkel

Mitten in der Nacht steht ein Haus lichterloh in Flammen. Die Familie hat sich in letzter Sekunde retten können. Nur der sechsjährige Sohn steht oben im Fenster und schreit voll Entsetzen nach seinem Vater.
Der Vater ruft hinauf: Spring doch, spring! Der Junge antwortet, Todesangst in der Stimme: Ich sehe dich nicht, Papa! – Aber ich sehe dich, spring! ruft der Vater zurück.
Da springt der Junge – in die Dunkelheit? Nein, in die Arme des Vaters.

Ich soll springen
und darauf vertrauen,
daß starke Arme
mich auffangen?
Vertrauen auf einen,
den ich nicht sehe?

Gott, ich sehe dich nicht,
aber ich glaube daran,
daß du mich siehst, und
daß du mein Vater bist.

Ich bitte dich heute:
Laß mich Menschen finden,
denen ich vertrauen kann.

Die Windmühle am Stadtrand

Am Rand einer westfälischen Stadt steht eine Windmühle. Günstig für den Wind steht sie auf einer Anhöhe. Wie schön, denkt der Besucher der Stadt: Wie in alter Zeit – Windkraft für das tägliche Brot.
Aber bald hat er wieder Grund, sich zu wundern: Die Mühle dreht sich, ohne daß ein Lüftchen sich regt. Sie gehört nämlich zu einem Museum; mit einem Geldstück setzt man einen Elektromotor in Betrieb, der für drei Minuten Wind macht. Dafür mußte man freilich die Flügel vom Wind blockieren und an das andere Energiesystem anschließen. Ein schöner Schein.

An diesem Morgen
dreht sich die Mühle meines Tages im neuen Wind.
Im neuen Wind, den Gott mir spendet –
oder im künstlichen,
im selbstgemachten,
im eigenbestimmten –
im fremden Wind?

Laß mein Leben echt sein, Herr –
daß ich die Dinge tue,
die zu tun sind –
und die Menschen nicht vergesse,
die ich liebe.
Daß ich die Menschen sehe,
die ich liebe –
und die Dinge nicht vergesse,
die zu tun sind.

Ein moderner Mensch

Ein Mensch verirrte sich in der Wüste. Die Sonnenglut hatte ihn ausgedörrt – da sah er eine Oase – und dachte: eine Luftspiegelung! Er ging darauf zu, sah die Palmen, das Gras, die Quelle – und dachte: Eine Fata Morgana hält mich zum Narren. Jetzt höre ich das Wasser sprudeln – nein, der Durst gaukelt mir das vor.
Kurze Zeit später fanden ihn zwei Beduinen verhungert und verdurstet neben der Quelle unter den Datteln.

„Legende vom modernen Menschen"
steht über dieser Geschichte.

Herr, in deiner Botschaft
gibt es alles,
was unseren Hunger und
unseren Durst zu stillen vermag.

Und an diesem Morgen
versorgst du uns
mit neuer Liebe
und mit neuem Vertrauen.

Laß uns davor die Augen
und das Herz nicht verschließen.

Wenn ich bete

Ein bekannter Pfarrer in Berlin fuhr eines Tages auf dem Dach eines zweistöckigen Autobusses und las dabei sein Brevier, das Tagesgebet der Priester.
Da rief einer, der hinter ihm saß, so laut, daß alle Mitfahrenden es hören konnten: „Sieh einer an! Der große Gottesmann klettert auf das Dach eines Autobusses, nimmt sein Gebetbuch heraus und fängt an zu beten, damit ihn jeder sehen kann und denken soll, er sei fromm.“ Dann fuhr er noch lauter fort: „Wenn ich bete, befolge ich das Gebot der Schrift. Ich geh in meine Kammer, schließe meine Türe und bete für mich allein zum Vater.“
Der Pfarrer antwortete ihm: „Und dann steigst du auf den Bus und erzählst es aller Welt.“

Ich weiß nicht, ob ich es gut finde,
vor allen Leuten sein Gebetbuch zu zücken.
Vielleicht wäre ich dazu
auch einfach zu feige.

Aber ich überlege:
Wo mache ich es wie der andere:
Halte meinem Nächsten vor,
was ich selbst noch viel weniger tue.

Herr, laß mich nur gerade heute
den Mitmenschen freundlich begegnen.

Frieden spielen

Ein russischer Schriftsteller schreibt, er habe einmal Kinder beim Spielen beobachtet. Was spielt ihr da, fragte er. Wir spielen Krieg, sagten die Kinder. Darauf der Mann: Wie kann man nur Krieg spielen. Ihr wißt doch sicher, wie schlimm Krieg ist. Ihr solltet lieber Frieden spielen.
Ja, sagten die Kinder, wir wollen Frieden spielen. Darauf schwiegen sie verlegen und berieten sich und schwiegen wieder. Und endlich trat ein Kind auf den Erwachsenen zu und fragte: Wie spielt man Frieden?

Es scheint wirklich so zu sein:
Krieg ist leichter als Frieden,
in Streit zu leben leichter als in Einmütigkeit.
Was müßte in der Welt geschehen,
in unserer Stadt geschehen,
im Betrieb, in der Schule, in unserem Haus –
was könnte, was müßte von mir aus geschehen?

Sagst du zu mir, Herr:
Wenn du etwas gegen jemand hast,
dann laß ihn kommen?
Nein, du sagst:
Wenn jemand etwas gegen dich hat,
dann geh du!
Geh zu ihm
und mach Frieden,
spiel nicht weiter Krieg.

Einmal berühmt

Ein Poet in China hatte viele Jahre keinen Erfolg. Er ging in den Tempel, warf sich nieder und flehte seinen Gott an: Hilf mir, berühmt zu werden. Da neigte sich der Gott zu ihm nieder, legte ihm eine Feder in die Hand und sprach: Für zehn Jahre leihe ich dir diese Feder: Und was du damit schreibst, wird dich berühmt machen.
Schon bald wurde der Dichter bekannt, berühmt, gefeiert ... Doch die Zeit ging zu Ende. So bat er seinen Gott um Verlängerung. Dieser aber sprach zu ihm: Du Narr! Jetzt schreibe, was du willst; selbst das Dümmste wird deinen Ruhm nicht vergehen lassen.

Mir hat kein Gott
eine Wunderfeder in die Hand gelegt.
Aber was wird das Ergebnis sein von dem,
was ich heute tue,
was ich morgen tun werde –
was wird das Ergebnis meines Lebens sein?

Ich wünsche mir, Herr,
daß ich selbst ernstgenommen
und beurteilt und gewogen werde
und nicht mein Namensschild.

Wieviel Erde braucht der Mensch?

Ein reicher Großgrundbesitzer erlaubte einem armen Bauern, so viel Land als Eigentum zu erwerben, wie er von Sonnenaufgang bis Sonnenuntergang zu Fuß umschreiten könne. Aber wenn die Sonne unterging, müsse er genau an dem Platz angekommen sein, von dem er morgens aufgebrochen war.
Also macht sich der Bauer auf, und immer schneller wird sein Schritt, immer größer wird der Kreis, den er umschreiten und gewinnen will. Mit letzter Kraft erreicht er schließlich bei Sonnenuntergang den Ausgangspunkt, glücklich über das riesige Stück Land, das ihm nun gehört. Doch da bricht er tot zusammen: Nun braucht er nur noch ein winziges Fleckchen Erde –

Wieviel Erde braucht der Mensch?
Was brauche ich wirklich,
um menschlich und christlich zu leben?

Diese Frage, Herr, lege mir immer wieder vor –
heute und an allen Tagen.

Der vierte König

Eine Legende erzählt, zu den drei Königen, die sich zum Gotteskind von Bethlehem aufmachten, habe sich noch ein vierter gesellt. Aber während die drei in aller Eile dem Sterne nach ihres Weges zogen, ließ sich der vierte von allerhand Menschennöten aufhalten, hier von einem hilflosen Kind, dort von einem Kranken. Schließlich erkaufte er gar einem Familienvater die Freiheit und wurde an dessen Stelle Galeerensklave.
Als er endlich wieder freikam, sah er plötzlich den Stern wieder, und nun folgte er ihm in großer Eile. Der Stern blieb stehen über einem Kreuz, und der daranhing, schaute den vierten König an. Da wußte dieser, daß er den richtigen Weg gegangen war.
(nach Edzard Schaper)

Ich habe euch ein Beispiel gegeben,
hast du zu den Jüngern gesagt.
Drei waren dem Stern gefolgt,
der vierte deinem Wort.

Ein Stern steht uns nicht am Himmel,
um uns den richtigen Weg zu zeigen.
Aber dein Wort, Herr,
steht über unserem Leben.

Eiche oder Kürbis

Ein Kaufmann wollte seinen Sohn auf eine Schule schicken; aber als er den Stundenplan sah, schüttelte er den Kopf. „Muß mein Sohn das alles lernen?“ fragte er den Direktor. „Können Sie es nicht kürzer machen? Er soll so schnell wie möglich fertig werden!“
„Das kommt ganz darauf an, was er werden will“, antwortete dieser. „Wenn Gott eine Eiche machen will, nimmt er sich zwanzig Jahre Zeit. Für einen Kürbis braucht er nur zwei Monate.“

Den kurzen und bequemen Weg –
wer wählt ihn nicht gern.
Wir wollen alle
rasch und möglichst leicht
ans Ziel gelangen.
Aber alles, was Wert haben,
was bleiben soll –
braucht seine Zeit.

Gib uns heute, Herr,
mehr Mut und mehr Geduld,
wenn nicht alles gleich gelingt,
wenn der Weg steil
und der Pfad schmal ist.

Liebst du mich?

Eine Kaulquappe hatte einen Fisch geheiratet. Eines Tages begannen ihr Beine zu wachsen, und es wurde langsam ein Frosch aus ihr. Da sagte sie zu dem Fisch: „Ich werde jetzt meiner Bestimmung folgen und aufs Land gehen müssen. Also gewöhne dich daran, auf dem Land zu leben."
„Um Himmelswillen", rief der Fisch, „wie soll ich das: mit Flossen und Kiemen!"
Die Kaulquappe seufzte: „Liebst du mich, oder liebst du mich nicht?"
„Aber ja, ja", hauchte der Fisch.
„Na also", sagte die Kaulquappe.

„Ich werde meiner Bestimmung folgen",
sagt die Kaulquappe – und du?
Und der andere Mensch?
Muß nicht auch er werden
und bleiben dürfen,
wozu er bestimmt ist?

Ich danke dir, Herr,
daß ich „ich bin".
Gib, daß ich nun auch den andern
„er selbst" sein lasse.

Menschen gesucht!

Schlechte Bezahlung, äußerste Kälte, monatelang in totaler Finsternis, ständige Gefahr, Rückkehr nicht sicher. Anerkennung nur im Falle des Erfolgs.
Mit dieser Anzeige warb eine englische Tageszeitung für eine Südpolexpedition. Es meldeten sich fünftausend Menschen.

Warum haben sie sich gemeldet?
Sind sie auf Ruhm aus –
für den Fall des Erfolgs?
Oder vom Leben bisher enttäuscht?
Ist es die Lust auf das Abenteuer?
Auffallen durch einen „eisigen" Spaß?
Ausbrechen aus dem Trott des Alltäglichen?

Wie gern möchte ich das – anders leben!
Aber kann ich das denn nicht?
Kann ich nicht heute schon anders leben?
Mich anders verhalten zu jenem Menschen?
Mich anders einstellen auf jene Sache?

Anders leben mit dir – Gott!
Das wäre doch schon
außergewöhnlich genug . . .

Die siebte Flöte

Eine englische Zeitschrift berichtet von einem bekannten Dirigenten, er habe einmal eine Probe unterbrochen, obwohl scheinbar alles glatt ging, und gerufen: „Wo bleibt die siebte Flöte?“ Er habe nicht nach der ersten noch nach der zweiten Flöte gefragt; nein, die siebte sei ihm noch wichtig genug gewesen für die Klangfülle des Orchesters.

Ich weiß nicht,
welche Flöte du mir zugedacht hast
in meinem Leben, Herr.

Aber daß ich für dich wichtig bin,
weiß ich.
Und dafür danke ich dir
und bete darum:

Laß mich meinen
Platz gut ausfüllen
im großen Konzert
deiner Schöpfung.

„Unvergeßliche Eindrücke"

Fünfzig Urlauber, mit einem Bus aus Flensburg gekommen, warteten einen Tag lang darauf, durch Nebel und Wolken hindurch den Großglockner zu sehen. So sehr sie auch Augen und Ferngläser benutzten, sie sahen nur Geröll und ein wenig Schnee. Als sie abends den Bus wieder bestiegen, hatte selbst einer, der stets von sich behauptete, er glaube nur, was er sehe – sonst nichts, fünf Ansichtskarten gekauft und von „unvergeßlichem Eindruck" geschrieben. Und er hatte selber gar nichts gesehen als Nebel, und zweifelte doch nicht, daß es dahinter den Berg gab. Er vertraute dem Österreichischen Alpenverein.
(nach Lothar Zenetti)

Vom Berg nichts gesehen –
und doch nicht gezweifelt –
im Vertrauen auf Landkarten,
Beschreibungen, Fotos.

Warum sollte ich
deinen Zeugen, Herr,
weniger glauben als jene
dem Österreichischen Alpenverein?

Einfach ja gesagt

Ein Schriftsteller erzählt, wie er auf einem Spaziergang ein paar Jungen beobachtete, die an einem Bachlauf spielten. Der Bach führte ziemlich viel Wasser und war deshalb recht breit. Alle versuchten sie, über den Bach zu springen, aber keiner getraute sich; jeder nahm einen Anlauf und schreckte zurück.
„Als ich gerade fortgehen wollte“, berichtet der Schriftsteller weiter, „tat einer der Jungen etwas ganz Verblüffendes: Er warf seine Mütze über den Bach.“

Nun muß ich hinüber und sie wieder holen.
Ausgetrickst – nicht irgend jemand, nein!
Mich selbst!
Ausgetrickst meine Ängstlichkeit,
meine Unentschlossenheit,
meinen Mangel an Mut. –
Jetzt gibt es kein feiges Ausweichen mehr.
Mich selbst überlistet,
ja gesagt,
ohne sich aufs letzte zu versichern,
abzusichern, rückzuversichern,
einfach ja gesagt.

Wo soll ich das, Herr,
heute oder morgen?

In alle Winde verweht

Der hl. Philipp Neri schickte einst eine Frau, die bekannt war für ihre bösen Reden über ihre Mitmenschen, auf den Markt; sie sollte ihm dort ein geschlachtetes Huhn kaufen und es auf dem Herweg auch gleich rupfen. Die Frau war stolz darauf, daß der große Mann ihre Dienste in Anspruch nahm, und brachte ihm sogleich ein sauber gerupftes Huhn.
Nun geh zurück, sagte Philipp, und suche die Federn wieder zusammen.
Das ist unmöglich, entgegnete die Frau, der Wind hat sie in alle Richtungen verweht. Das sei dir eine Lehre, ermahnte sie Philipp, denn so ist's auch mit deinen bösen Reden!

Ich mache viele Worte,
sage viele Sätze –
das wird auch heute so sein.

In welche Ohren kommen sie?
In welche Köpfe, in welche Herzen?
Daran denke ich kaum einmal.

So laß es mich heute bedenken, Herr;
denn auch mit Worten
kann man einen Menschen
verwunden,
vielleicht sogar töten . . .

„Man sieht nur mit dem Herzen gut“

Ein Rabbi fragte einst seine Schüler, wie man die Stunde bestimmt, in der die Nacht endet und der Tag beginnt. „Ist es, wenn man von weitem einen Hund von einem Schaf unterscheiden kann?“ fragte ein Schüler.
„Nein“, sagte der Rabbi.
„Ist es, wenn man von weitem einen Dattelbaum von einem Feigenbaum unterscheiden kann?“ fragte ein anderer.
„Nein“, sagte der Rabbi.
„Aber wann ist es denn?“ fragten die Schüler.
„Es ist dann, wenn du in das Gesicht irgendeines Menschen blicken kannst und deine Schwester oder deinen Bruder siehst. Bis dahin ist die Nacht noch bei uns.“
(nach Martin Buber)

Darauf also kommt es an:
im andern den Sohn oder die Tochter
des gleichen Vaters im Himmel zu erkennen.
Da schaut man freilich
nicht mit den Augen hin,
sondern mit dem Herzen.

Heute, Herr,
gib unserm Herzen
bessere Augen.

Letzte Nacht nicht

Ein Schiffskapitän, wegen seiner Härte gefürchtet, fand eines Nachts seinen Steuermann betrunken daliegen. Er schrieb in das Schiffstagebuch: Letzte Nacht war Steuermann Johnson betrunken.

Die Sache sprach sich herum, und der Steuermann sann auf Rache.

Als nun er das nächste Mal das Tagebuch zu führen hatte, schrieb er hinein: Letzte Nacht war Kapitän Smith nicht betrunken.

Hat er etwas Falsches geschrieben?
Er schrieb nur die Wahrheit in das Buch.
Und doch hat er die Wahrheit benutzt,
um sie zu verdrehen.
Mit einer bösen Absicht
kann man nicht das Rechte tun.

Laß uns das rechtzeitig einfallen –
hindere uns daran, Herr,
es zu versuchen.

Sechs Brüder und einer

Einst lebten sieben Brüder friedlich miteinander. Sechs gingen zur Arbeit, der siebte besorgte das Haus. Wenn die sechs müde von der Arbeit heimkamen, fanden sie das Haus aufgeräumt, das Essen bereitet und alles in bester Ordnung. Sie freuten sich darüber und lobten den siebten Bruder.
Aber allmählich wurden sie unzufrieden, und sie verlangten von ihrem Bruder, daß er mit ihnen zur Arbeit ginge. Als sie jedoch müde nach Hause kamen, nahm sie niemand in Empfang, und keiner hatte den Tisch gedeckt. Da merkten sie, wie töricht sie gehandelt hatten. Und sie kamen sich schuldig und elend vor. Also beschlossen sie, den siebten Bruder wieder in sein Amt einzusetzen.

Was hier unter sieben Brüdern geschah,
wiederholt sich jede Woche:
Wir brauchen den Sonntag,
zum Beginnen und Besinnen,
und es wiederholt sich alle Tage!
Zur Arbeit, zur Hetze, zur Last
muß die Ruhe kommen, die Stille,
zum Hingeben das Empfangen.

Hilf uns, Herr, den siebten Bruder
wieder in sein Amt einzusetzen.

Zum Danken gibt es immer Grund

Eine eigenartige Todesanzeige war in der „Neuen Zürcher Zeitung“ zu finden. Neben dem üblichen Inserat, wo die Familie den Tod eines 83jährigen Arztes bekanntgab, war in besonderer Schrift, schwarz eingerahmt, folgender Text zu lesen:
„Todesanzeige. Aus besonderem Grund möchte ich meinen Tod selbst bekanntgeben, da mir dieses einmalige Ereignis die Gelegenheit gibt, all denen, die meinen Lebensweg durch Erziehung, Vorbild, Belehrung, Kritik, vor allem aber auch durch ihre Liebe reich und glücklich gemacht haben, noch einmal zu danken. Denn mit dieser Empfindung habe ich Abschied genommen. Sie hat mich mit einer solchen Freude erfüllt, daß ich alle darum bitte, mir nicht nachzutrauern, sondern sich mit mir zu freuen und mit gleicher Zuversicht und Gelassenheit weiterzuleben.“

Ein Mann schaut zurück und dankt.

Aber: Muß man 83 sein, um das zu sagen?
Oder: Muß man dafür gestorben sein?
Kann ich es nicht heute –
danken?
Den Menschen auf meinem Lebensweg –
und dir, lieber Gott, an diesem Morgen?

Beirut ... die Lottozahlen

„Bei schweren Kämpfen in Beirut gab es heute wieder zahlreiche Tote und ..."
Hans: Hast du eigentlich Lehmanns eingeladen?
Anne: Ja, vergiß nicht: Er trinkt gern einen guten Rotwein!
„... sind überschwemmt, viele Dörfer stehen unter Wasser. Die Zahl der Ertrunkenen und Obdachlosen ..."
Hans: Das erinnert mich an die Springflut im letzten Urlaub.
Anne: Wie du dir deine schicke Hose verdorben hast, haha!
Hans: Sei still, jetzt wird es wichtig: die Lottozahlen.

Das Unglück unzähliger Menschen
geht uns nach bis in die Wohnstube.
Aber unser Herz erreicht es oft nicht.
Unsere Nichtigkeiten sind uns wichtiger.

Not und Tod der anderen haben kein Gewicht.

Herr, öffne uns Augen, Ohren und Herzen
für die kleinen Nöte unserer nahen Nächsten.
Dann werden uns auch die großen Nöte
der fernen Nächsten
nicht gleichgültig lassen.

Frösche unter sich

Ein Brunnenfrosch erhielt Besuch von einem Seefrosch. Der Brunnenfrosch fragte: Wie groß ist denn dein See? Etwa so groß? Und er hüpfte ein Stück nach vorn. Viel, viel größer, lachte der Seefrosch. Der Brunnenfrosch tat einen noch größeren Sprung: Ist dein See so groß? Aber der Seefrosch sagte: Mein See ist riesengroß. Da hüpfte der Brunnenfrosch vom einen Rand des Brunnens zum andern, und der Seefrosch lachte noch lauter: Du kannst dir nicht vorstellen, wie groß mein See ist. Der Brunnenfrosch aber schrie: Nichts kann größer sein als mein Brunnen! Du bist ein Lügner, mach, daß du fortkommst!

Nichts kann größer sein
als meine kleine Welt.
Oft verfallen wir Menschen diesem Irrtum.

Hilf mir, Gott, an diesem Tag
über meinen Horizont hinauszuschauen,
neue Erfahrungen zuzulassen
und das Größere
nie aus den Augen zu verlieren.

Vielleicht ist es wahr ...

Zum Rabbi kam ein gelehrter Mann, der mit dem Glauben seiner Väter nichts mehr anzufangen wußte. Er wollte mit dem Rabbi über die Existenz Gottes disputieren.
Wie er nun in dessen Stube trat, ging der in Gedanken versunken auf und ab. Plötzlich blieb er stehen, warf einen flüchtigen Blick auf seinen Besucher und murmelte vor sich hin: „Vielleicht ist es aber doch wahr!“
Und dann wandte er sich seinem Gast zu und sprach: „Die Theologen haben dir Gott und sein Reich nicht auf den Tisch legen können, und ich kann es auch nicht. Aber bedenke: Vielleicht ist es wahr!“

Vielleicht – vielleicht auch nicht –?
Auch der Rabbi kann keine Beweise liefern.

Aber wäre es nicht schön,
wenn es wahr wäre:
einen Gott zu haben,
der uns liebt
wie seine Kinder –
und schrecklich,
wenn uns nur das Nichts bliebe
für Zeit und Ewigkeit?

Ich glaube, Herr,
hilf meinem Unglauben!

Ganz ein Dieb

In China erzählt man sich: Ein Mann hatte seine Axt verloren und vermutete, daß der Sohn des Nachbarn sie ihm gestohlen habe. Er beobachtete ihn daher genau: sein Gang, sein Blick war ganz der eines Axtdiebes. Alles, was er tat, sah nach einem Axtdieb aus. Einige Zeit später fand der Mann zufällig die Axt unter einem Bretterhaufen. Am nächsten Tag sah er den Sohn des Nachbarn: sein Gang war nicht der eines Axtdiebes, auch sein Blick war nicht der eines Axtdiebes.

Da sieht einer seinen Mitmenschen
durch die eigene Brille –
und er hält ihn jeder Schlechtigkeit für fähig.
Seine eigene Unzulänglichkeit
kommt ihm gar nicht in den Sinn.

Und Gott –?
Ob er mir auch alles Böse zutraut?
Ob er mich durch seine Brille anschaut? –

Nein – allwissender Gott!
Ich weiß, du siehst mich an
mit den Augen der Liebe,
jener Liebe, mit der du mich geschaffen hast.
Du siehst mich, wie ich wirklich bin –
ja, du siehst mich – an diesem Morgen –
wie ich heute gern sein möchte.

Dafür danke ich dir!

Bin ich noch zu brauchen?

Ein Soldat schrieb seinen Eltern aus der Gefangenschaft von seiner Krankheit und seiner Hoffnung auf baldige Heimkehr. „Aber ich bringe einen Freund aus dem Krieg mit auf unseren Bauernhof, der ein Bein verloren hat ...“

„Bringe ihn mit“, schrieb der Vater zurück, „er wird bei uns Arbeit und Brot finden.“ „Aber es fehlen ihm auch beide Hände ...“, stand im nächsten Brief des Sohnes.

„Dann wissen wir nichts mit ihm anzufangen“, war die Antwort des Vaters.

Der Sohn kehrte aus der Gefangenschaft nie zurück. Er hatte von sich selbst geschrieben.

„Nichts mit ihm anzufangen“,
überflüssig,
nicht gebraucht und nirgends vermißt –
nicht angenommen sein,
kein Mensch kann auf solche Art
menschlich leben ...

Bewahre uns davor, Herr,
nicht angenommen zu werden;
bewahre uns davor,
den anderen Menschen
nicht anzunehmen.

Es ist Frühling

Auf einer belebten Straße unserer Stadt bettelten zwei Blinde – ein Schild um den Hals – um ein Almosen. Seltsamerweise, so fiel einem Beobachter auf, schien der eine viel mehr Erfolg zu haben als der andere; sein Hut füllte sich rasch, und am zweiten gingen die meisten – von der einen wie von der anderen Seite – fast achtlos vorbei.
Der Beobachter entdeckte den Grund. „Ich bin blind", hatte der eine auf sein Schild schreiben lassen; und auf dem zweiten stand: „Es ist Frühling, und ich bin blind."

Blind, wie schrecklich –
sagen die Passanten und gehen weiter.
Und dann wird an ihr Gefühl appelliert:
Du siehst den Frühling,
das frische Grün, die Blüten, die Farben –

ja, ich kann das alles sehen,
ich bin nicht blind für die Schönheit,
nicht blind für alles,
was du, Herr, mir heute
vor die Augen stellst –
und ich bin dankbar dafür.

Warum sie Gott bestrafte

Gottes Strafgericht erging über die Städte Sodom und Gomorra. Warum das geschah, berichtet eine jüdische Sage: Die Bewohner der beiden Städte lebten in Luxus und Wohlstand, ihre Herzen aber waren versteinert. Jeden Fremden, der zu ihnen kam, beschenkten sie mit Gold, soviel er tragen konnte, aber sie gaben ihm nichts zu essen und zu trinken. Wenn er elend zugrunde gegangen war, nahmen sie ihm das Gold wieder ab.

Sie beschenkten ihn –
„speisten ihn ab" . . . mit Geschenken.

Menschen geben einander nicht,
was sie brauchen.

Laß mich heute erspüren, Herr,
was die Menschen neben mir brauchen,
und laß mich nicht bloß mit den Händen,
sondern mit dem Herzen geben.

Was ist wichtig?

Ein Busfahrer hatte sich um eine Stelle beworben; es wurde ihm erklärt, er müsse nicht nur fahren, sondern auch kassieren. Das traut der Mann sich auch zu. Aber am Montag morgen ist er noch keine Stunde unterwegs, da klingelt bei dem Unternehmer das Telefon. Der neue Fahrer meldet einen Unfall: Der Bus sei schwer beschädigt. Mann, ruft der Besitzer, wie ist das denn passiert? „Wie's genau passiert ist", erhielt er zur Antwort, „kann ich Ihnen auch nicht sagen. Ich war grad hinten beim Kassieren."

Wie kann einer so dumm sein,
Bus und Insassen ihrem Schicksal zu überlassen,
um ein Paar Pfennig Fahrgeld zu erhalten.
In diesem Fall ist das klar.
Aber wie oft läßt jeder von uns
das Wichtige aus dem Blick geraten
und kümmert sich um Nichtigkeiten?

Sucht erst das Reich Gottes und seine Gerechtigkeit,
hast du gesagt, Herr.
Und alles andere wird euch hinzugegeben.

Mit Stempel versehen

Am Rande eines Dorfes hatte sich ein Zirkus aufgetan. Die Darsteller waren schon für die Vorstellung zurechtgemacht – da brach Feuer aus. Der Clown rannte, angemalt wie er war, ins Dorf und rief und schrie verzweifelt um Hilfe: Kommt zum Zirkus und helft uns das Feuer löschen.

Die Dorfleute aber amüsierten sich über den Clown. Sie hielten sein Flehen und Weinen für einen guten Trick, durch den sie in die Vorstellung gelockt werden sollten.

Abgestempelt, festgelegt auf seine Rolle . . .

Er mag sich anstrengen, wie er will,
keiner traut ihm zu,
daß er es ernst meinen könnte.

Wie viele Menschen sind auf ähnliche Weise
mit einem Schild versehen,
mit einem Etikett –
es wird uns oft gar nicht bewußt.

Aber du, Jesus von Nazareth,
hast jeden Menschen so gesehen,
wie er wirklich war –
und hast ihn angenommen.

Warum ein Tier?

Überschrift in der Zeitung:
Hund als Millionär. Frau aus Villach setzt ihren 16jährigen Vierbeiner zum Alleinerben von einigen Millionen ein.

Lange wird er freilich
nicht Millionär sein,
bei seinem Alter –
trotz feinster Wurst und Kalbfleisch
jeden Tag.

Aber ich frage mich:
Welche Erfahrungen
hat wohl diese Frau
mit Menschen gemacht –
daß ein Hund
zum besten Freund geworden ist,
vielleicht zum einzigen?

Herr, viele Dinge
sind für uns wichtig –
für heute und für morgen.

Aber wir bitten dich,
laß uns nichts auf der Welt
jemals wichtiger werden
als die Menschen,
mit denen wir leben.

Menschen vor mir und nach mir

Ein Rabbi ging einmal über Land und sah einen Mann, der einen Johannisbrotbaum pflanzte. Er sah ihm eine Weile zu, dann fragte er: Wann wird das Bäumchen Früchte tragen? In siebzig Jahren, erwiderte der Mann. Da sagte der Rabbi: Pflanze doch einen Baum, der schneller Früchte trägt, damit du auch davon ernten kannst. – Rabbi, antwortete der Mann, ich habe in meinem Leben von Bäumen geerntet, die ich nicht gepflanzt hatte. Deshalb pflanze ich heute einen Baum für die, die nach mir kommen. Ich bin ein einfacher Mann, aber ich weiß: Ohne Mitmenschen kann man nicht leben.

Keiner für sich allein –
jeder ein Glied in der Kette –
auch ich.

Du hast das so gewollt, Herr:
So steht keiner beziehungslos da.
Es ist schön,
daß Menschen voneinander abhängig sind,
und daß es Liebe gibt,
wo sonst nur Berechnung wäre.
Ich danke dir dafür, Herr.

Wir feiern ein Fest

Irgendwo sollte eine Hochzeit gefeiert werden. Die Brautleute hatten nicht viel Geld. Trotzdem wollten sie ein großes Fest feiern und viele Gäste einladen. Mit der Einladung verbanden sie deshalb eine Bitte: Jeder sollte eine Flasche Wein mitbringen. Am Eingang würde ein großes Faß stehen. Dahinein sollte jeder seinen Wein schütten. Und dann sollte jeder von der Gabe des anderen trinken. Jeder sollte mit jedem froh sein.

Das Fest wurde eröffnet. Die Kellner liefen zum Faß und schöpften daraus. Doch als die Gäste zu trinken begannen, packte sie ein großer Schrecken. Sie merkten nämlich, daß sie nur Wasser im Glas hatten, daß im Faß nur Wasser war.

„Ich hatte mir insgeheim gedacht: Die eine Flasche Wasser – niemand wird sie bemerken." Und nun wußten es alle: Ein Fest findet nicht statt.

Wer heimlich Wasser in das Faß gießt,
der will auf Kosten anderer leben.
Wein, das ist: Vertrauen,
guter Wille, Freude, die sich mitteilt.
Wasser, das ist: Langeweile,
Mißgunst, Eigensinn.
Jeder Mensch hat im Keller
Wasser und Wein.

Heute an diesem neuen Tag, Herr,
soll das Fest stattfinden.
Gib, daß es gelingt:
das Fest und das Leben.

Die Fische und das Wasser

Die Fische eines Flusses sagten zueinander: Man behauptet, daß unser Leben vom Wasser abhängig sei. Aber wir haben noch nie einmal Wasser gesehen. Was ist das – Wasser?
Da erinnerte man sich an einen gelehrten Fisch, der im Meer lebe. Zu dem wollten sie gehen und sich Wasser zeigen lassen. Sie fanden den Fisch, und als der sie angehört hatte, sagte er: Ihr dummen Fische! Ihr lebt im Wasser und bewegt euch im Wasser – und ihr wißt es nicht!

Und es gab Menschen zur selben Zeit,
– und es gibt sie auch heute noch –
die sagten: Wo ist denn euer Gott?
Man sieht und hört nichts von ihm;
er rührt und regt sich nicht;
interessiert sich nicht,
hilft nicht,
hört nicht.
Und sie fragten den Apostel Paulus,
und der sagte ihnen und sagt es uns:
Er ist nicht da wie du und ich.
Aber in ihm leben wir
und bewegen wir uns.

Gott, auch wenn einer nichts von dir wissen will –
du bist da, und du weißt um jeden von uns,
und du hälst uns fest in deiner Hand.
Heute.

Apotheke Vita Nova

Er hatte Gift verlangt, um in der Nacht mit seinem Leben Schluß zu machen. Am nächsten Morgen ging er wieder in die Apotheke: „Was haben Sie mir da für ein verdammtes Zeug angedreht?“ „Wasser“, erhielt er zur Antwort, „Wasser mit einem Schuß Gurgellösung.“ „Und wie kommen Sie dazu?“ Ja, wie kam er dazu? „Ich verkaufe keine Gifte“, sagte der alte Apotheker. „Und fast nie kommt einer wieder: Zehn Leute tragen Wasser statt Gift nach Hause, und nur einer kommt wieder und beschwert sich. Den schick ich dann woanders hin – wenn er will. Meistens will er nicht mehr ... Ihr Geld bekommen Sie natürlich zurück. Wollen Sie jetzt noch etwas?“ „Hustenbonbons“, sagte er.
(nach Josef Reding)

Der Mann sieht sich betrogen –
erst um sein Leben,
dann auch noch um sein Sterben.
Aber hinter dieser Täuschung
hat doch das Leben gesiegt.
Es wird davon nicht leichter,
aber der Mut, es zu ertragen, wird wachsen.

Ich bitte dich, Herr, für alle,
die diesen Tag beginnen
mit einem Fluch auf den Lippen.
Und vergiß nicht,
daß auch ich von Zeit zu Zeit
einen Menschen brauche,
der ehrlich fragt, wie es geht.

Da bin ich aufgestanden

Ein junger Soldat, der in den letzten Kriegstagen bei Düren im Einsatz war, gab folgenden Bericht:
„Da kamen die Amerikaner. Ich lag mit meinem Maschinengewehr etwas abseits der Straße und hatte sie im Visier. Sie gingen alle auf einem Haufen; ich hätte sie mit einem Feuerstoß alle umlegen können. Sie waren allesamt Kinder des Todes, wenn ich abdrückte. Und als mir das klar wurde, da bin ich aufgestanden und habe mich ergeben."

Was ging in dem jungen Soldaten vor?
Hatte er noch nie auf Menschen geschossen,
die man ihm als Todfeinde hinstellte?
Oder war ihm noch nie aufgegangen,
was er damit eigentlich tun sollte?

Auf jeden Fall: Er tat das Richtige.

Laß uns heute, Herr,
den Mut finden,
in den Kleinkriegen des täglichen Lebens
im richtigen Moment
klein beizugeben,
uns zu ergeben,
wenn dadurch Unrecht nicht vergrößert wird
und der Friede
einen kleinen Schritt vorankommt.

Was jeder begreifen kann

Der Krieg schien unvermeidlich; so schickten die Feldherren von beiden Seiten Späher aus, um zu erkunden, wo man am leichtesten in das Nachbarland einfallen könnte. Die Kundschafter kehrten zurück, und auf beiden Seiten war man zum selben Ergebnis gekommen: Es fand sich nur eine Stelle an der Grenze, die dafür geeignet war. Aber, sagten die Kundschafter, dort wohnt ein Bauer in einem kleinen Haus mit seiner Frau und seinen Kindern. Man sagt, sie seien sehr glücklich und hätten einander sehr lieb. Wenn wir nun in das feindliche Land einbrechen, müssen wir sein Haus und sein Feld zerstören, und wir zerstören sein Glück. Also kann es keinen Krieg geben. Das sahen die Feldherren ein, und der Krieg unterblieb – wie jeder Mensch begreifen kann.

Ein Märchen aus dem alten China –
niemand glaubt, daß so etwas möglich wäre.
Aber warum es nicht möglich machen,
wenigstens dort, wo wir leben:
dem andern sein Glück gönnen,
nichts tun, was es zerstören würde . . .
das wäre ein Beitrag, Herr –
zu einer friedlicheren Welt.

Spuren um eine Hütte

Daniel, ein alter Mann in Afrika, glaubte an Gott. Andere wollten sich über ihn lustig machen und fragten ihn: Woher weißt du, Daniel, daß es einen Gott gibt? Daniel antwortete: Woher weiß ich, ob ein Mensch oder ein Hund oder ein Esel nachts um meine Hütte gegangen sind? Ich sehe es an den Spuren im Sand. Auch in meinem Leben gibt es Spuren, und diese hat Gott eingedrückt.

Spuren Gottes in unserem Leben –
gibt es sie?
Haben wir nicht eher das Gefühl:
Von Gott ist immer weniger zu spüren?

„Zufall" sagen wir –
aber wer läßt mir den Fall zu-fallen?

„Schicksal" sagen wir –
aber wer schickt?

Schick uns heute, Herr,
auf den Weg
und lehre uns,
Ausschau zu halten
nach dem Zufall:
nach den Spuren
deiner Gegenwart.

Füge du zusammen, Herr

An einem Versöhnungstag fragte der Rabbi einen Wirt: „Wie hast du das Gebet des hl. Tages verrichtet?“ –
„Ich habe schwere Schuld auf mich geladen“, antwortete der Wirt. „Denn als ich zur Synagoge in die Stadt fuhr, fiel mir ein, daß ich das Haus nicht verschlossen hatte. Ich kehrte um, und nun bedrängten mich Nachbarn, ihnen zu helfen – bis es zu spät war, um in die Stadt zu fahren. Ich ging in die Stube, um zu beten, aber ich fand kein Gebetbuch. Herr der Welt, betete ich, ich kann die Gebete nicht auswendig, so will ich die Buchstaben hersagen – füge sie zu Wörtern und Gebeten zusammen, Herr.“

Was hat der Rabbi darauf wohl gesagt?
Und was würdest du, Herr, meinen,
wenn ich heute das Alphabet hersagte
und dich bäte:
Mach du die Worte daraus,
die mir nicht einfallen –
und füge die Worte zum Gebet;
denn du weißt,
worum ich dich heute bitten möchte.

Das Hemd des Glücklichen

Ein König war krank und nichts konnte ihn heilen. Da versprach er, die Hälfte seines Reichtums dem zu geben, der ihn gesund machen würde. Aber alle Ratschläge der Weisen und alle Kuren fruchteten nichts. Da kam einer auf den Gedanken: Man muß den König glücklich machen. Und wie könnte dies geschehen? Man muß einen glücklichen Menschen ausfindig machen, man muß ihm das Hemd ausziehen und es dem König anziehen – das wird helfen. Also suchte man im ganzen Land und fand keinen, der ganz glücklich, ganz zufrieden war. Wer reich war, war krank; wer gesund war, war arm; wer gesund und reich war, hatte andere Sorgen.
Aber eines Tages fand man einen, der ging am Abend in seine Hütte und sagte: Gott sei Dank – heute hatte ich meine Arbeit; satt geworden bin ich auch. Und jetzt kann ich müde schlafen gehen. Was brauche ich noch mehr!
Sogleich schickte der König seine Diener zu dem Mann mit dem Auftrag: Zieht ihm das Hemd aus und gebt ihm Geld dafür, so viel er nur haben will! Aber – als die Diener dem Mann das Hemd ausziehen wollten, hatte er keines an. So arm war er.

Glücklich wird man noch nicht,
wenn man möglichst viel besitzt.
Öffne uns die Augen, Herr,
für das, was unser Leben schön und lebenswert macht.
Traurig und ernst sind Menschen genug.
Also laß uns lachen können,
damit andere wieder Hoffnung und Mut gewinnen.

Wie wird man gläubig?

Sie sehen, Genosse Schimanow, alles, was Sie erzählt haben, beweist, daß Krankheit die Wurzel Ihrer „Bekehrung“ ist. Wir sind Spezialisten, sagte der Psychiater, Sie können uns glauben. Sie wuchsen in einer Familie von Nichtgläubigen auf, wurden in einer sowjetischen Schule erzogen; Sie sind ein gebildeter Mensch, und plötzlich – peng! – sind Sie gläubig. Sehr merkwürdig ...
(Amnesty International)

Was mag in Wirklichkeit
in jenem Mann vorgegangen sein,
daß er – peng – plötzlich gläubig wurde?
Vielleicht hat er angefangen,
sich Fragen zu stellen:

Woher komme ich?
Wohin gehe ich?
Wofür das alles und wie lange noch?
Vielleicht ist ihm ein Mensch begegnet,
der aus dem Glauben lebte,
und hat den Wunsch in ihm geweckt,
auch so zu leben –?

Herr, laß mich nach solchen Menschen
Ausschau halten
und selber
ein solcher Mensch werden.

Du tätest besser daran

Über Mohammed berichtet eine Anekdote, einer seiner Schüler sei eines frühen Morgens zu ihm gekommen und habe sich über seine Brüder beklagt: „Alle liegen sie noch da und schlafen. Ich allein bin so früh aufgestanden, um Allah anzubeten!“

Der Prophet entgegnete ihm: „Wenn du meinst, du könntest Allah verehren, indem du deine Brüder verklagst, dann tätest du besser daran, zu schlafen.“

Wie oft meinen Menschen,
bewußt oder ohne daran zu denken:
Ich werde größer,
wenn ich den andern kleiner mache.
Man könne die Welt verbessern,
indem man die Fehler der anderen bloßstellt.

„Unter euch soll das nicht so sein“,
hast du, Herr,
deinen Jüngern gesagt.
Und heute
hilf uns, danach zu handeln.

Noch eine Möglichkeit

Ein Junge versuchte, einen schweren Stein fortzuheben. Aber so sehr er sich auch plagte, der Stein ließ sich nicht bewegen. Niedergeschlagen berichtete er es seinem Vater.
„Und du hast alles versucht, um den Stein zu heben?“ fragte der Vater.
„Natürlich!“, rief der Junge gereizt.
„Nein“, sagte der Vater gelassen, „eine Möglichkeit hast du noch nicht probiert: Du hast mich nicht gebeten, dir zu helfen.“

Wie oft bin ich dabei
aufzugeben,
ohne daß ich zuvor dich,
Vater im Himmel,
um deine Hilfe gebeten habe.

Laß mich heute tun,
was in meinen Kräften steht,
und dazu deine Hilfe erwarten –
Allmächtiger, der du Himmel und Erde
erschaffen hast.

Verzaubert und verdrossen

Einst hörte der Adler viel Rühmliches über die Nachtigall. Weil er gern gewußt hätte, ob das auch wahr sei, schickte er zwei Boten: den Pfau und die Lerche. Sie sollten die Schönheit und den Gesang der Nachtigall beurteilen.
Die beiden kamen zum Adler zurück, und der Pfau berichtete: Sie hat einen ganz erbärmlichen Kittel an! Das hat mich so verdrossen, daß ich auf ihren Gesang gar nicht geachtet habe. – Die Lerche sagte: Ihr Gesang hat mich so verzaubert, daß ich völlig vergaß, ihr Federkleid zu betrachten.

Jeder bemerkt am anderen,
was er sehen und hören will.
Aber ob wir es „verdrossen" oder „verzaubert" tun,
wohlwollend oder geringschätzig,
voll Eifersucht oder in Zuwendung zum andern,
das liegt an uns.

Heute, Herr,
laß mich den andern so anschauen,
wie ich es mir von ihm wünsche.

Gott auf Besuch

Ein frommer Mann in Indien besuchte täglich seinen Gott im Tempel. Eines Tages bat er darum, Gott solle ihn doch auch einmal besuchen, und Gott versprach es für den nächsten Tag. Der Fromme richtete ein festliches Mahl – aber Gott kam nicht. Statt dessen: Ein kleiner Junge kam und wollte sich etwas fortnehmen, ein Bettler etwas erbetteln, ein Pilger etwas erbitten – sie alle jagte er davon – nur Gott kam nicht.

Ich wünschte mir das auch:
daß Gott mich mal besuchte,
so von Angesicht zu Angesicht.

Aber beklag dich nicht,
sagst du mir, Herr –
wie jener Fromme,
an dessen Tür ich dreimal
vergeblich geklopft habe.

Laß mich dich heute erkennen,
Herr und Gott,
in diesem und jenem Menschen,
der mir begegnet.

Grille und Geldstück

Ein Indianer besuchte einen weißen Mann in der Stadt. Die beiden gingen auf der Straße, und alles verwirrte den Indianer sehr. Plötzlich sagte er zu seinem Freund: „Hörst du, was ich höre?“ Der Weiße aber hörte nur die Geräusche des Verkehrs. „Ich höre ganz nah eine Grille zirpen.“ „Du mußt dich täuschen, hier gibt es keine Grillen.“ Der Indianer aber trat an die Hauswand, schob ein paar Blätter auseinander – da saß sie, die Grille.

„Indianer können eben besser hören als Weiße“, sagte der Weiße. Darauf der Indianer: „Du täuscht dich“, und er warf ein Geldstück auf das Pflaster. Sogleich drehten sich ein paar Leute um. „Siehst du“, sagte der Indianer, „das Geldstück war nicht lauter als die Grille ...“

Wir hören stets das gut,
worauf wir zu achten gewohnt sind.
Und du, Herr, sagst:
Wer Ohren hat zu hören ...

Gib, Herr, daß ich
aus den vielen Geräuschen deine Stimme,
aus den vielen Worten dein Wort heraushöre
– besonders dann,
wenn deine Stimme einem Menschen gehört,
der mich ruft.

Im Bambusrohr

Auch wenn die Schlange
in ein Bambusrohr kriecht,
bleibt sie trotzdem krumm.
(Afrikanisches Sprichwort)

Eine Schlange:
sich windend, sich krümmend,
eben sich schlängelnd –
und ein Bambusrohr:
nicht zu biegen, kaum zu brechen.
Eine Schlange im Bambusrohr . . .

Ein Mensch wie eine Schlange –
im Bambusrohr der eigenen Schuld:
Hilf ihm aus seinem Versteck, Herr.
Ein Mensch, sich schlängelnd auf
krummen Wegen:
Zeig ihm ein Bambusrohr, Herr,
das ihn wieder gerade richtet.
Ein Mensch wie im Bambusrohr,
eingezwängt in Vorschriften und Verbote:
Laß ihn ein Mensch bleiben, Herr.

Womit das Leben füllen?

Auf den Philippinen erzählt man sich: Ein König wollte einen seiner beiden Söhne zu seinem Nachfolger bestellen. Er gab dem einen wie dem andern fünf Silberstücke und sagte: „Füllt damit die Halle unseres Schlosses – womit, das ist eure Sache!" Fünf Silberstücke, sagte sich der erste Sohn, und damit die riesige Halle füllen? Und er ließ ausgedroschenes Stroh in die Halle bringen; es füllte sie bis oben hin.
Der zweite Sohn ließ das Stroh entfernen, stellte mitten in die Halle eine Kerze und zündete sie an. Da sprach der König zum jüngeren Sohn: Dein Bruder hat das Geld für nutzloses Stroh ausgegeben; du aber hast kein Geld gebraucht, um die Halle mit dem zu füllen, was die Menschen brauchen: mit Licht!

Womit füllen wir unser Leben,
diesen Tag, der vor uns liegt?
Mit Dingen,
die uns dies und das kosten
und die doch nutzlos sind,
oder mit dem,
was notwendig, einzig notwendig ist:
mit dem Licht, das von dir kommt,
mit deinem Wort und deiner Weisung
und mit deiner Liebe,
Herr.

Die Welt in hundert Jahren

Am 13. Juli 1963 schloß sich in einem Raketenwerk in Kalifornien ein Zementblock über einer kleinen Stahlkassette, die eine Vorausschau auf das Jahr 2063 enthält.
Politiker, Wissenschaftler und Generäle haben aufgeschrieben, wie nach ihrer Meinung die Welt in 100 Jahren aussehen wird. Solange wird die Kassette darauf warten, geöffnet zu werden.

Hundert Jahre –
was werden sie der Menschheit bringen?

Wird sie mit den Problemen fertig,
die uns heute zu schaffen machen?
Wird die Menschheit weiter wachsen
und hungern
und sich mit Gewalt umbringen wollen?

Oder kommt die Welt
deinem Reich, Herr, ein Stück näher?
ein Stück, ein winziges Stück –
an diesem Tag?

Soweit es an mir liegt:
Ich will tun, was ich kann.
Hilf mir dabei, Gott.

Es muß noch einer da sein

Vor etwa 150 Jahren stellten Astronomen bei der Beobachtung des Sternenhimmels fest, daß Planetenbahnen gewisse Unregelmäßigkeiten aufwiesen. Man vermochte die Differenzen zunächst nicht zu erklären. Doch bald kam man darauf: Die Unstimmigkeiten können nur einen Grund haben, nämlich: Es muß noch einen bisher unbekannten Planeten geben.
Also berechnete man seine Größe und seine Umlaufbahn und gab ihm einen Namen. Und im Jahre 1845 tauchte er – wie vorausberechnet – am Himmel auf: der Planet Neptun.

Gibt es nicht auch in meinem Leben
Dinge, die ich nicht erklären,
Fragen, die ich nicht beantworten kann?

Es stimmen Positionen nicht,
in meinem Dasein, und in der Welt –
wie damals am Sternenhimmel:
die Welt mit ihren Katastrophen,
mit ihrer ungeklärten Zukunft . . .
Das gibt so oft keinen Sinn.

Fehlt da nicht einer?
Erst wenn ich dich entdecke,
du Schöpfer der Welt,
erhält das Ganze
seine Ordnung und seinen Sinn.

Schon aufgegeben

Der russische Dichter Turgenjew erzählt, wie er mit schwerem Fieber im Kriegslazarett lag.
„Plötzlich wurden weitere Kranke zu uns geschafft – wo sollten die bloß hingelegt werden? Der Arzt begab sich hierhin und ging dorthin – nirgends ein Platz. Schließlich näherte er sich auch mir und fragte den Feldscher: ‚Lebt der noch?' Jener antwortete: ‚Des Morgens war er noch am Leben.' Der Arzt bückte sich und lauschte: ich atmete. ‚Was die Natur für eine Närrin ist', sagte er, ‚der Mensch da muß sterben, aber immer noch zieht er es hin und knarzt herum, er nimmt einem nur den Platz weg.' Da dachte ich mir, das geht schlimm aus, Michailo … Und doch bin ich gesund geworden und lebe bis heute, wie Sie selber wahrzunehmen geruhen können."

Keine Hoffnung mehr!
Man hat sich damit abgefunden:
Ich gehöre nicht mehr dazu.
Es ist schon Abschied genommen.
Und dann wird mir die Zeit gestundet.
Ich fange noch einmal zu leben an.
Leben ist nicht mehr selbstverständlich.
Nicht selbstverständlich,
daß ich an diesem Morgen
Sinne habe, sehen und mich freuen kann,
Neues entdecke
und Altgewohntes wieder wahrnehme.
Grund zu danken, guter Gott.

Das größte Gebot im Gesetz

Der heilige Franz von Assisi, so wird berichtet, traf eines Tages einen seiner Brüder, dem ein Stück Fleisch geschenkt worden war. Voll Freude über die köstliche Gabe machte jener sich daran, es zu braten, und lud Franz zum Essen ein. Woran er zwar nicht, wohl aber der Heilige dachte: Es war ein Freitag – an einem Freitag Fleisch zu essen, war unter Sünde verboten. Was sollte Franz tun?
Er aß mit.

Dem Bruder die Freude verderben
an dieser Gabe Gottes,
von freundlichen Menschen ihm geschenkt?
Das schien dem Heiligen
die größere Sünde zu sein,
als eine Vorschrift zu übertreten.

Nun war für beide
die geteilte Freude doppelt groß.
Dem andern die Freude gönnen –
die eigene Freude teilen wollen –
ich danke dir, Gott,
für das Beispiel deines Heiligen.

. . . was du siehst?

Ein Ungläubiger fragte den Rabbi, wie er bei allem, was der Mensch erforscht und zu tun fähig geworden sei, noch an Gott glauben könne – „Man kann ihn doch weder sehen noch beweisen."
„Du willst also sagen", antwortete der Rabbi, „du glaubst nur, was du siehst. Sieh dir einen Schienenstrang an. Laufen nicht die beiden Schienen am Horizont ineinander? Doch wie weit du auch die Schienen entlanggehst – es wird nie *eine* Schiene daraus. Und der Punkt am Horizont bleibt deinem Auge immer unerreichbar. So ist das mit dem Sehen!"

Der Rabbi sagt das auch
jedem von uns:
Gott ist unerreichbar –
für unser Sehen, Denken und Planen,
fürs Berechnen und Programmieren.

Nur in Glaube und Liebe
holst du uns ein, Gott.
Gib, daß wir dir heute nicht ausweichen.

Ein Schiff im Sturm

Ein Ozeandampfer geriet in einen gewaltigen Sturm. Die Wellen hoben das riesige Schiff, drückten den Bug fast unter Wasser und ließen es sich von einer Seite auf die andere legen. Viele Menschen auf dem Schiff wurden seekrank.
Eine Dame beschwor den Kapitän: „Lassen Sie die Rettungsboote zu Wasser; wir müssen das Schiff verlassen!"
„Aber, meine Dame", antwortete der Kapitän vollständig überzeugt, „Sie sind doch auf diesem sturmerprobten Schiff auf jeden Fall sicherer als auf einem winzigen Kahn!"

Dieses Schiff ist ein Bild für die Kirche.
Es fehlt ihr nicht an Stürmen.
Viele Menschen sind unsicher geworden.
Viele flüchten in die vermeintlichen Rettungsboote:
in Sekten, Splittergruppen, neue Propheten.

Aber auf deinem Schiff, Herr,
sind wir alle in Sicherheit.
Manchmal scheinst du zu schlafen
wie damals auf dem See.
Aber immer sagst du uns:

„Fürchtet euch nicht,
ich bin an Bord!"

Was du nicht willst

Sie hatten den alten Mann vom Familientisch ausgeschlossen; zittrig und zahnlos, wie er war, verschüttete er die Suppe und vermochte nicht mehr ordentlich zu essen. So saß er mit einem hölzernen Schüsselchen auf der Ofenbank.
Eines Tages brachte der kleine Peter ein Stück Holz herbei und begann, es mit einem Messer auszuhöhlen. „Was soll daraus werden?" fragte ihn der Vater freundlich. „Eine Holzschüssel", war die Antwort, „damit Vater und Mutter daraus essen können, wenn ich groß bin."
(nach Alban Stolz)

Was du nicht willst, daß man dir tu,
das füg auch keinem andern zu!
Das Kind denkt sich nichts bei seinen Worten
und erteilt doch dem Vater
eine Lehre, die ihn ernüchtert.

Menschen erwarten Dankbarkeit
und sind undankbar.
Sie erwarten Verständnis
und bleiben verständnislos.
Sie erwarten Hilfe vom andern
und lassen ihn allein.
Herr, oft wird uns das gar nicht bewußt.
Schick uns hin und wieder jemand,
der uns erinnert.

Fensterglas und Spiegel

Ein Mann war zu unerwartetem Reichtum gekommen und fing an, seine Mitmenschen zu verachten. Da ging der Rabbi zu ihm und sprach: „Schau durchs Fenster! Was siehst du?“
„Menschen“, sagte der Mann ärgerlich, „Wagen, eine Frau mit Kind ...“
„Jetzt tritt vor den Spiegel“, sprach der Rabbi, „und schau hinein! Was siehst du?“
„Mich selbst, was denn sonst ...“
„Siehst du“, belehrte ihn der Rabbi, „das Fenster ist aus Glas, und der Spiegel ist aus Glas. Aber trägst du ein bißchen Silber auf die eine Seite auf – schon siehst du nur noch dich selber!“

Es muß nicht Silber sein,
was das Glas zum Spiegel
meiner selbst macht.
Es kann auch Neid und Eifersucht,
Habenwollen, Geltenwollen
und vieles andere sein,
was mir den Blick
auf die Mitmenschen versperrt.

Laß mich heute, Herr,
zuerst in den Spiegel schauen,
damit ich mich selbst
in dieser Geschichte erkenne.
Und dann will ich durchs Fenster schauen.

Wo wohnt Gott?

Ein Rabbi war zu Gast bei gelehrten Männern. Er überraschte sie mit der Frage: Wo wohnt Gott?
Sie lachten über ihn: Was redest du! Die ganze Welt ist voll von seiner Herrlichkeit.
Er aber gab auf seine eigene Frage die Antwort: Gott wohnt, wo man ihn einläßt.

Darum bitten wir dich
heute morgen, Herr,
daß wir dich einlassen:

in unsere Gemeinschaft,
in unser Denken und Handeln,
in unser Leben.

Du willst uns begleiten,
uns deine Nähe erfahren lassen.
Nimm uns als Werkzeug,
damit das Gute getan wird.

Wenn Sie mir vertrauen ...

Ein Seiltänzer führt in schwindelnder Höhe seine Kunststücke vor. Am Schluß der Höhepunkt: Er schiebt eine Schubkarre über das schwankende Seil. Ohne jede Unsicherheit gelangt er auf die andere Seite. Die Zuschauer klatschen begeistert. Trauen Sie mir zu, ruft der Akrobat, daß ich die Karre auch wieder zurückschiebe? Wieder erhält er zustimmenden Beifall. Er fragt ein zweites Mal – Trauen Sie mir das zu? Wieder klatscht alles. Dann fragt er einen einzelnen von oben herunter: Sie – trauen Sie mir auch zu, daß ich die Karre zurückschiebe? Aber sicher, ruft der zurück und klatscht. Dann kommen Sie doch herauf und setzen Sie sich hinein – dann schiebe ich Sie hinüber!

Blöde Situation!
Ich glaube, daß es dich gibt, Gott.
Aber wann lerne ich es,
mich dir anzuvertrauen?
Was kommt da heute
auf mich zu?
Wirst du mir ersparen,
daß ich mich in die Karre
setzen soll?
Ich will gern diesen neuen Tag
in deine Hand legen –
aber da auf dem Seil –
das erspare mir lieber, Herr!

Glück gehabt

Unter den Todesopfern der amerikanischen Raumfähre im Januar 1986 befand sich auch eine Frau. Sie sollte die erste Frau im Weltraum sein. Aus 1200 Bewerberinnen war sie ausgewählt worden.
Am Tag vor dem tödlichen Start fragte sie ein Reporter, warum wohl gerade sie die Auserwählte sei. Sie antwortete: Erstens habe ich Glück gehabt. Und zweitens war ich zur richtigen Zeit am richtigen Ort.

Und am Tag darauf war sie tot ...
Glück gehabt – schwer zu sagen:
zur rechten Zeit, am rechten Platz.
War ich das immer,
wenn ich mein bisheriges Leben überschaue?

Du allein kennst die Wege, Gott,
die mich, die uns alle
ans Ziel bringen.
Auf die Frau wartete der Tod,
dort, wo Gott ihn hinbeordert hatte.

Ich glaube, Herr,
daß am Ende du wartest –
auf mich, auf uns alle.

Zeit und Ort in Gottes Plan

Die hl. Johanna, die Jungfrau von Orléans, wurde im Hundertjährigen Krieg zwischen England und Frankreich von den Engländern gefangengenommen und vor Gericht gestellt. Der englische Richter fragte sie, ob Gott denn nicht auch die Engländer liebe. Gott liebt die Engländer, gab sie zur Antwort – aber nicht in Frankreich.
Gott liebt auch einen Diktator, aber er liebt ihn nicht als Diktator.
(nach Ernesto Cardenal)

Und als was liebst du mich, lieber Gott,
und an welchem Platz?
Das Geheimnis meiner Berufung:
Was hat Gott mit mir vor?
Mit mir und mit keinem andern?
Und beabsichtigt er etwas an einem Platz,
das er woanders nicht will?

Herr, vielleicht hast du heute
etwas mit mir im Sinn,
was du morgen nicht mehr willst . . .
Laß mich also an diesem Tag
den Platz finden, Gott,
den ich in deinem Plan
auf deiner Erde habe.

Du liebst mich, Herr –
an dem Ort und zu der Zeit –
wo und wann
du mich haben willst.

Fehlt da ein Wort?

Anzeige in einer amerikanischen Zeitung: Ich komme für alle derzeitigen und künftigen Schulden meiner Frau Charlotte auf. Philipp C. Lucido.

Die es lasen, meinten lächelnd:
Da fehlt das Wörtchen „nicht"!
Nein, antwortete ihnen Philipp C. Lucido:
„nicht auf" –
steht das nicht beinahe alle Tage
in der Zeitung,
dies oder ähnlich Schlimmes?
Und gibt es nicht auch jeden Tag
das Gute, das Friedliche, das Versöhnliche?
Das wollte er einmal zeigen ...

Gewiß, Gott, deine Welt ist nicht die allerbeste,
aber auch nicht ganz verkehrt.
Vielleicht – an diesem Tag –
brauche ich solchen Trost.

Wer fragt schon so!

Karl Valentin fragte einmal einen Mann, der an einer Bushaltestelle wartete:
Ach bitte, können Sie mir vielleicht sagen, wo ich hin will?

Eine verrückte Frage!
Jeder muß doch selber wissen,
wo er hin will.
Wirklich? Weiß ich es?
Spricht hier vielleicht einer die Frage aus,
die schon immer die Menschen bewegt hat?
Aber es gehört Mut dazu,
einen andern zu fragen,
wo man selber hin will.
Wer gibt schon gerne zu,
daß er die Richtung verloren hat?

Einmal haben deine Jünger dich gefragt, Herr,
wohin sie gehen sollen.
Und du hast geantwortet:
Ich bin der Weg; ihr kennt ihn.

Mit dir kommen wir ans Ziel.

Man grüßt sich noch

Sie glauben doch gar nicht an Gott, bemerkte ein Freund zu Voltaire, als er mit ihm an einer Kirche vorbeiging und dieser seinen Hut zog. Nein, sagte Voltaire, aber wir grüßen uns noch.

Ich ziehe den Hut,
und ich denke: Gott grüßt zurück.
Wir grüßen uns noch,
sagt der angebliche Gottesleugner.
Wir sprechen nicht mehr miteinander,
aber wir grüßen uns noch?
Was ist dazwischengetreten –
zwischen Gott und diesen Mann?

Was immer, Gott, an diesem Tag,
oder irgendwann zwischen dich und mich träte –
laß mich dich noch grüßen,
und bitte: Tu du es auch.

Gold oder Stein

Ein Geizhals erwarb im Laufe der Jahre einen Goldklumpen; den versteckte er an einem bestimmten Ort. Jeden Tag ging er hin und weidete sich an seinem Reichtum.
Eines Tages beobachtete ihn ein Dieb und stahl das Gold. Darüber war der Geizhals todunglücklich. Er schilderte seinem Nachbarn sein Mißgeschick; der aber riet ihm: Nimm statt des Goldes einen Stein, leg ihn in dein Versteck und bilde dir ein, das sei dein Gold. Du wirst von dem Stein genau so viel Nutzen haben wie von deinem Gold.

Was nützt alles Gold und aller Besitz,
wäre er nur zum Anschauen da,
nur damit ich mir selbst
zufrieden, gesichert, versorgt vorkomme?
Das Gold, das nur für mich da ist,
wird wie von selbst zum wertlosen Stein.

Und wenn ich selber
nur für mich da bin,
da wird sogar das Herz zum Stein.
Bewahre mich davor, Herr.

Sind sie denn nicht alle so?

Der englische Dichter Charles Dickens ging bei Mondlicht durch die Straßen von Rom, als er plötzlich mit einem Fremden zusammenstieß. Ein paar Schritte weiter vermißte er seine Uhr. Sogleich rannte er dem Dieb nach, packte ihn und schrie: Uhr! Der gab die Uhr heraus und verschwand in der Dunkelheit. Im Hotel fand Dickens seine eigene Uhr auf dem Tisch. Durch Zufall klärte sich die Sache auf: Er hatte einem Landsmann die Uhr abgenommen.

Aber sind denn nicht
die Italiener Taschendiebe
und die Spanier Faulenzer
und die Mexikaner Messerstecher?
Unsere Vorurteile, Schablonen, Etiketten ...
Wir bedienen uns ihrer jeden Tag.
Und neue kommen noch dazu ...

Laß mich mißtrauisch sein, Herr,
bei meinen Urteilen –
und bei meinen Vorurteilen erst recht.

In Gottes Hand ...

Ein Schiff geriet in einen argen Seesturm. Die Wellen warfen es hin und her; drohten, es zu verschlingen. Seekrank und voller Angst zitterten die Passagiere vor den nächsten Stunden.
Eine Frau fragte aufgeregt den Kapitän: „Werden wir denn hier noch einmal heil herauskommen?“ „Wir sind alle in Gottes Hand“, antwortete dieser. Und die Frau darauf: „Um Himmels willen – so schlimm steht es also!“

In Gottes Hand –
seinem Willen ausgeliefert,
da steht es schlimm.
Schlimm, was wir da
von dir denken, Herr!
Als ob du nur darauf aus wärst,
uns Böses anzutun ...
Als ob wir uns nicht verlassen könnten,
auf dein Wort von der „Hand des Vaters“,
die uns alles zum Besten lenkt.
Aber manchmal ist es wirklich nicht leicht,
zu sagen: Dein Wille geschehe!
Und nicht zu denken,
mein Wille werde schon auch
dein Wille sein.

Gott trinkt keine Milch?

Mose – so erzählt eine hebräische Legende – begegnete in der Wüste einem Schäfer und verbrachte einen Tag mit ihm. Am Abend, nachdem die Schafe gemolken waren, goß der Schäfer Milch in eine Schale und stellte sie in einiger Entfernung hin. Auf die Frage des Mose antwortete er: „Die beste Milch stelle ich immer für Gott hin!"
„Aber Gott ist ein Geist; er trinkt doch keine Milch!" Der Schäfer aber blieb bei seiner Meinung; so riet ihm Mose, in der nächsten Nacht doch einmal aufzupassen, was geschehe. „Du hast recht gehabt", gab der Schäfer am nächsten Morgen zu, „Gott braucht meine Milch nicht. Ein Tier hat sie getrunken. Aber du hast mir das einzige genommen, womit ich Gott meine Liebe erweisen konnte."

Mußte das sein, lieber Gott?
Daß dein kluger Diener Mose
deinem einfachen Diener Schäfer
nicht seinen einfachen Glauben ließ?
Hat er ihn gläubiger gemacht, hingebungsvoller –
oder ratlos, traurig und ärmer?

Viele Wege führen zu dir, Gott,
und jeden von uns
rufst du auf einem anderen.
Gib, daß ich für mich
den richtigen Weg erkenne und ihm folge.
Und bewahre mich davor,
einem andern Menschen seinen Weg
ausreden zu wollen.
Auf vielerlei Weise laß uns
dir dienen und dich ehren.

Morgen, nicht heute

Die Mönche des einen Klosters – so erzählt man in China – waren sehr reich, die eines anderen sehr arm. Eines Tages kam ein armer Mönch zu einem reichen, um sich von ihm zu verabschieden; er wolle auf Pilgerfahrt gehen, auf eine weite Reise über viele hohe Berge und gefährliche Flüsse.
Der reiche Mönch fragte verwundert: „Was nimmst du mit auf eine so weite Reise?" „Nichts als einen Becher für Wasser und eine Schüssel für Reis", war die Antwort. Darauf der andere: „Du stellst dir die Sache zu einfach vor, mein Freund! Ich will nämlich selber eine Pilgerfahrt unternehmen, aber ich komme nicht dazu, weil mir ständig noch das eine oder andere fehlt."
Nach einem Jahr kam der arme Mönch zurück und berichtete dem andern von seinen Erlebnissen. Der wurde zwar ein wenig verlegen, aber er mußte zugeben: „Ich habe meine Vorbereitungen leider immer noch nicht abgeschlossen."

Wird er je dazu kommen,
seinen Vorsatz in die Tat umzusetzen?
Wird er nicht immer zögern und zweifeln
aus Angst, aus Bequemlichkeit oder Unsicherheit
und nach einer passenden Ausrede suchen?
„Ich will dir nachfolgen",
hat einmal einer zu Jesus gesagt –
„aber nicht, so lang mein Vater noch lebt . . ."
„Und was wirst du dann noch vorhaben?
Das Erbe teilen, dein Haus bestellen . . .
Dieses für notwendig, jenes für unumgänglich halten . . .?"
Und darauf sagt uns Jesus:
Heute mach dich auf!

So gib mir, Gott, auch heute den Mut und die Kraft
zu entscheiden und zu handeln.

Weggeworfen

Ein Bergsteiger erzählte, daß er an einer Felswand, an einer schweren Kletterstelle, immer wieder nach einem kleinen Kiefernbäumchen gegriffen habe, das aus dem glatten Felsen wuchs. Wenn seine Hände die Wand nach einem Halt abtasteten, fanden sie nur den dünnen Stamm.
Eines Tages war das Bäumchen abgesägt, und ein Eisenhaken war in den Fels geschlagen. Durch Zufall fand er später das Bäumchen am Fuß der Wand auf einem Holzstoß. Er nahm es traurig mit nach Hause und zählte mühsam die Jahresringe: einhundertzwanzig.

120 Jahre alt!
Aber kein stattlicher Kiefernbaum
mit wertvollem Stamm
und gewaltigen Ästen war gewachsen!
Bloß ein scheinbar nutzloser Baumzweig.

Doch wie viele tastende Bergsteigerhände
haben nach dem mageren Stämmchen gegriffen
und über schwindelnder Tiefe
Halt und Sicherheit gefunden.

Ich komme mir oft ziemlich nutzlos vor
und für vieles nur wenig geeignet –
wie jenes verkrüppelte Stämmchen!
Aber wo ein anderer Mensch
bei mir nach einem Halt sucht,
da laß es mich merken, Herr.
Und wenn ich an den Steilwänden meines Lebens
nach einem Halt suche, Herr,
dann streck mir
deine Hand entgegen.

Inhalt

Der Urlaub ist das schönste Laub

Ein vergnüglich-ernstes Gepäckstück
auf die Reise mitgegeben

von Friedrich Dietz

160 Seiten,
mit Illustrationen
und Schwarzweißfotos

Im Urlaub bietet sich vielen Menschen mehr als sonst im Jahr Zeit zum Lesen. In diesem „vergnüglich-ernsten Gepäckstück" wird dem Urlauber drei Wochen lang für jeden Tag etwas Bedenkenswertes dargeboten – in unterhaltendem Plauderton, aber auch in Texten, die zu eigenem Weiterdenken anregen wollen. Ein munteres Buch, das zu einem „Aktivurlaub" besonderer Art ermuntern will.

Der Verfasser macht mit Lesetexten, Bildbetrachtungen und Spruchweisheiten auf „vergnüglich-ernste" Art deutlich, welche vergessenen geistigen Schätze man in der Ferienzeit wieder ausgraben kann. Er ermutigt dazu, einen Maßstab zu finden, der scheinbar Bedeutsames als überbewertet entlarvt und den „kleinen Dingen" die ihnen gebührende Wichtigkeit zugesteht. ... ein Buch über Gott, dem man nicht zuletzt durch die Freude an seiner Schöpfung zu begegnen vermag.

(Beatrix Nolte-Schunck in „Fuldaer Zeitung")

Mit dem vorliegenden Büchlein setzt der Autor seine auf Besinnung und Vertiefung des Alltags gerichteten Bemühungen fort. Wir finden hier so etwas wie ein Vademecum für den Urlaub in Form von Betrachtungen, die das Jenseits des Alltags mit der frohen Botschaft des Evangeliums in der Urlaubssituation verbinden. Ein liebenswertes Büchlein, dem ich weite Verbreitung wünsche!

(Prof. Karl Dienst in „Jahrbuch der Hess. Kirchengeschichtl. Vereinigung")

In der Reihe „Edition Erlebnis Glaube“
sind außerdem erschienen:

Aris/Wagner
UNVERWEHTE SPUREN
– Gespräche über Heilige –
mit Zeichnungen von Agnes Mann

Friedrich Dietz/Holger Jestädt
ALLES KLAR – ODER?
– Morgen- und Abendgebete für junge Leute –

Rüdiger Hamberger
JUGENDGOTTESDIENST
– Ideen – Anregungen – Beispiele –

Friedrich Dietz
MENSCHGEWORDEN IST DAS WORT
– Advent · Weihnachten · Dreikönig –

Friedrich Dietz
QUIZBUCH RELIGION
– Spiel – Spaß – Information –

Friedrich Dietz
DER URLAUB IST DAS SCHÖNSTE LAUB
– Ein vergnüglich-ernstes Gepäckstück auf die Reise mitgegeben –

Alfons Gerhardt
JEDER MORGEN SPRICHT VON NEUEM LEBEN
– Ermutigungen in Krankheit und Alter –

Harald Wagner/Torsten Kruse
HEIL UND HEILUNG
– Annäherungen zwischen Arzt und Priester –